Enciclopedia ilustrada del
PERRO

Carmen Martul Hernández

Enciclopedia ilustrada del
PERRO

LIBSA

© 2023, Editorial LIBSA
C/ Puerto de Navacerrada, 88
28935 Móstoles (Madrid)
Tel.: (34) 91 657 25 80
e-mail: libsa@libsa.es
www.libsa.es

Textos: Carmen Martul Hernández
Ilustración: Archivo LIBSA, Shutterstock
images
Maquetación: Peñalver Madrid, Diseño y
Maquetación

Créditos fotográficos:
Página 13, arriba: joyfull / Shutterstock.com
Página 13, abajo: antongvozdikov /
Shutterstock.com

ISBN: 978-84-662-4245-5

DL: M 11998-2023

CONTENIDO

PRESENTACIÓN

El perro es el animal de compañía por excelencia. No en vano se le ha bautizado como «el mejor amigo del hombre». Ese amigo precisa que le dediques tiempo, le ofrezcas cariño y cuidados sanitarios. Son tareas que, a veces, pueden resultar duras, pero si aprendes a conocerlo, a comprender sus requerimientos, su carácter, sus cualidades y –cómo no– sus defectos, seguro que logras una buena convivencia con él.

Como amante de los animales, te animo a que busques en este libro las respuestas y consejos para poder disfrutar de su cariño durante muchos años.

El perro ha acompañado al ser humano desde hace miles de años. Las primeras civilizaciones ya hacían mención de este animal e incluso lo dotaban de la majestuosidad de un dios, como era el caso de los egipcios, que representaban a Anubis, dios de los muertos, con cuerpo humano y cabeza de chacal, un animal del género *Canis*, al que también pertenecen lobos, coyotes y perros. Asimismo, los griegos lo incluyeron en sus creencias, y así un perro de tres cabezas, el can Cerbero, vigilaba las puertas del inframundo.

Por eso, no es de extrañar que nuestro fiel compañero se colase también en los poemas épicos de Homero para ayudar a Ulises durante sus labores de caza en las extensas colinas de Ítaca. Y es que este fue uno de los primeros usos que tuvieron los perros al ser domesticados.

Rápidamente, se vio la posibilidad de valerse de la fuerza, el coraje, el olfato y el instinto de manada de estos animales para incluirlos, además, en la protección de los rebaños y los hogares e, incluso, de instruirlos junto a los ejércitos para que los acompañaran a la guerra.

Hoy en día, esa practicidad en su tenencia se ha visto relegada, en la mayoría de casos, por un fin mucho más familiar. Si bien es cierto que la labor de los cánidos sigue ju-

gando un papel importantísimo en situaciones de emergencia, búsqueda y rescate, detección de explosivos y drogas, guía de invidentes y hasta como «alertas» y como parte de la terapia para personas con diferentes afecciones médicas, el grueso de las familias que tienen un perro lo que busca es un fiel compañero con el que compartir su tiempo y su cariño.

Sin embargo, y debido a la larga historia de trabajo de estos animales, es muy importante conocer sus necesidades, carácter y principales cualidades para que podamos establecer una relación de amor y respeto mutuo en la que ambas partes vean satisfechas sus expectativas y que pueda durar muchos años. Perros muy enérgicos en familias sedentarias o perros muy independientes en familias que busquen tener contacto continuo con el animal pueden dar lugar a situaciones de desazón para ambas partes.

Ya sea simplemente acurrucados en un sillón o dando un paseo por el campo, disfrutar de tiempo junto a nuestro fiel amigo es una de las sensaciones más placenteras que hay. Por eso, queremos proporcionarte información para ayudarte a elegir cuál sería tu tipo de perro ideal, además de explicarte algunos consejos generales sobre su educación, los cuidados básicos que precisa o los problemas de salud que pueden aquejarlo, de manera que tanto él como tú seáis mucho más felices.

Aunque esos datos son importantes, no queremos acabar la presentación de este libro sin hacer un serio llamamiento a la responsabilidad: acoger un perro en tu hogar es un compromiso al que debes hacer frente y que no tiene fecha de caducidad. Tu perro es un ser vivo que depende de ti. No puedes abandonarlo cuando te molesten sus juegos, cuando escarbe el jardín o si su carácter no es tan pacífico como esperabas, ni cuando la obligación de los paseos diarios se convierta en una tarea pesada o cuando se ponga enfermo y precise de tus cuidados y los de un veterinario. Piensa que ese perro no ha pedido acompañarte. Piensa también que, si le dedicas la atención que precisa, él sabrá devolverte con creces ese esfuerzo convertido en cariño y lealtad sin condiciones.

¿Estás listo para recibir la fidelidad, la nobleza y el amor incondicional de estos animales?

INTRODUCCIÓN

El perro y el lobo comparten alrededor del 99,8 % de su genoma, lo que prueba la gran proximidad entre ambas especies. En la imagen, manada de lobos.

LOS ORÍGENES DEL PERRO

Ningún otro animal como el perro ha mantenido con el ser humano una historia de ayuda, amistad y compañía tan duradera. El comienzo de esta historia, según las últimas investigaciones, se remonta a entre 20 000 y 40 000 años, cuando los humanos éramos todavía básicamente cazadores-recolectores.

Los orígenes del perro continúan suscitando controversias en cuanto a si se puede considerar una especie propia o una subespecie del lobo salvaje. Ciertas teorías apuntan a que podría descender de cánidos como el chacal o el zorro, y otras proponen que es producto de la hibridación entre varias especies de esta familia de mamíferos. De lo que sí se tiene certeza, gracias a los hallazgos arqueológicos, es que ya hace unos 33 000 años había comenzado su proceso de domesticación, como lo prueba un cráneo hallado en la cordillera del Altai, en Asia Central, de apariencia semejante a la de un lobo, pero con algunos caracteres diferenciadores, como el hocico más chato y los dientes más juntos, aspectos que marcan una clara diferencia entre uno y otro.

Probablemente el perro fue el primer animal domesticado. Todo pudo comenzar al establecerse una relación de beneficio mutuo: el ser humano cazaba y abandonaba restos de comida cerca de sus asentamientos, y esos restos eran aprovechados por perros salvajes, que, a su vez, al merodear cerca de los humanos mantenían alejados a otros depredadores. Más tarde, cuando se comenzó a desarrollar la agricultura, las personas pudieron estrechar la relación inicial con los perros salvajes al proporcionarles nuevos tipos de alimentos. Otro dato revelador es que el ser humano no necesitó «atrapar» al perro salvaje para sumarlo a su comunidad, sino que el propio animal se sintió atraído por las ventajas que comportaba ese cambio en sus costumbres.

Los estudios científicos avalan que no existió un único lugar para la domesticación de la especie, sino que esta se produjo de forma independiente en diversas partes del mundo. Es decir, que siempre y en todo lugar hemos tenido ese especial acercamiento con el perro.

GUARDIÁN Y COMPAÑERO DE CACERÍA

Desde el inicio, el instinto siempre alerta del perro y sus desarrollados sentidos del olfato y el oído resultaron muy beneficiosos para las primeras comunidades humanas, que encontraron en este animal un magnífico guardián, no solo de los asentamientos domésticos, sino también de los rebaños. La colaboración entre ambas comunidades no se quedó únicamente en eso y ser humano y perro pronto se convirtieron en asiduos compañeros en otras tareas cotidianas, como la caza. Esta teoría la respaldan varias muestras de arte rupestre halladas en la península arábiga (en Shuwaymis y Jubbah). Con más de 8 000 años de antigüedad, algunos paneles representan las siluetas de perros atados con correas que acompañan a los cazadores prehistóricos en su faena; otras representan a los propios perros que rodean y acechan animales similares a gacelas, équidos y leones. Son ejemplares muy parecidos al actual perro de Canaán (con su característica cola enroscada, orejas bien erguidas, hocico chato y pecho anguloso).

Las civilizaciones egipcia, griega y romana, así como las de Extremo Oriente y las precolombinas, también dejaron testimonio del aprecio que sentían por los perros. En Egipto les erigían tumbas cuando fallecían, los griegos consideraban que los había formado Hefesto (el dios del fuego) y los romanos sentían una especial predilección por los perros de caza, aunque también los empleaban como guardianes y para defensa. Por ejemplo, en las puertas de algunas casas de Pompeya se han encontrado letreros

Derecha, mosaico romano que muestra un perro atado con una cadena. Fue hallado en una vivienda de la ciudad italiana de Pompeya, destruida durante la erupción del Vesubio en el año 79 de nuestra era.

Arriba, pintura rupestre sobre roca que representa una escena de caza prehistórica.

con una advertencia muy parecida a las actuales: «Atención al perro». Incluso estos animales eran llevados a la guerra: se trataba de los llamados molosos, animales de constitución muy robusta y fuertes mandíbulas, a los que entrenaban para el ataque.

HASTA LLEGAR A ANIMAL DE COMPAÑÍA

Después de esa edad de oro y ya en época medieval, los perros se utilizaron sobre todo para la caza, una práctica tanto de ricos como de pobres, aunque las grandes batidas organizadas por los señores feudales son las que nos han llegado en multitud de representaciones pictóricas. Parece que esta costumbre también fue habitual en las estepas asiáticas, tal como refiere Marco Polo cuando escribe del gran kan. Este panorama del perro cazador y de defensa continuó en los comienzos del Renacimiento. Se cuenta que la reina Isabel I de Inglaterra (1533-1603), al organizar su ejército para combatir con los revolucionarios irlandeses, ordenó que los soldados fueran acompañados por más de 800 canes protegidos con corazas armadas de punzones.

Con el tiempo, fueron cambiando las costumbres y, con ellas, la percepción que se tenía del perro. Aunque este animal seguía manteniendo las mismas funciones que había desempeñado en la antigüedad, es decir, guardia, pastoreo y caza, a ellas se sumó la de animal exclusivamente de compañía que ha prevalecido hasta la actualidad.

Retrato de Carlos III, cazador. Óleo pintado en 1786 por Francisco de Goya. A los pies del rey, el perro de caza.

Retrato de la marquesa de Pontejos, pintura realizada en 1786 por Francisco de Goya. El perro, un pequeño carlino, acompaña a la joven.

APARICIÓN DE LAS RAZAS

En la actualidad, las asociaciones especializadas reconocen más de 400 razas de perros. Además, muchas otras, aunque no cuentan con ese reconocimiento oficial, existen y ofrecen una gran variabilidad. Pero ¿cómo es posible esa gran diversidad si los perros tienen un ancestro común? La respuesta está en las modificaciones genéticas tanto de origen natural como promovidas artificialmente.

Pocos animales presentan la diversidad morfológica, fisiológica y de comportamiento que se aprecia en los perros. Desde los 16 cm de altura y menos de 1 kg de peso del chihuahua hasta los 90 cm de altura y casi 100 kg de peso del mastín, hay una variedad casi infinita. En el aspecto fisiológico, encontramos razas muy longevas que pueden vivir hasta los 18-20 años, como el caniche enano, mientras que otras apenas llegan a los 8 años, como el gran danés. También hay variaciones en cuanto al tamaño de las camadas, que suelen ser de 1 o 2 crías en las razas más pequeñas y de hasta 8-10 en las de mayor tamaño.

Y si hablamos de sus aptitudes y comportamiento, no hay animal que iguale al perro: guardián, cazador, de salvamento, rastreador, guía, de carreras o para tracción de vehículos como trineos. ¿Cómo ha conseguido la especie esta gran versatilidad? Sin duda, una buena parte se debe a que, durante su largo proceso de domesticación, el perro fue evolucionando para adaptarse mejor al ambiente y a sus nuevas condiciones de vida, ade-

Más de 80 cm de altura y casi 90 kilos de peso separan a este pequeño chihuahua del gran danés arlequín.

Cuando se compara la cabeza de un lobo con la de un perro, se aprecia que el hocico del can es más corto y sus dientes, de menor tamaño.

más de ir acumulando las mutaciones que a los seres humanos les convenían. En este sentido, se elegían los ejemplares que, por uno u otro motivo, tenían características que resultaban útiles. Por ejemplo, que ladrasen más fuerte, fueran más veloces o soportasen mejor las temperaturas extremas. Millares de años cruzando a los «elegidos» multiplicaron las diferencias en la especie.

Las primeras modificaciones morfológicas apreciables de los perros domesticados con respecto de los ejemplares salvajes primitivos son evidentes en la forma del cráneo y la reducción del tamaño de los dientes. Las siguientes modificaciones se relacionan más con la utilidad que el hombre fue encontrando para este animal. Por ejemplo, en los tratados medievales dedicados a la cetrería y la caza ya se aprecia una clara especialización de los perros, según sus características, para un tipo u otro de actividad.

EL CONCEPTO MODERNO DE RAZA

Hacia finales del siglo XVIII, el gran naturalista francés Georges Louis Leclerc, conde de Buffon, en su obra *Historia natural* describió muchas razas similares a las actuales. En aquella época, la selección se hacía en función de la belleza del animal y de las cualidades que más se apreciaban.

No fue hasta el siglo XIX cuando comenzó a asociarse el concepto de raza con una serie de estándares morfológicos y de comportamiento, poniendo así los cimientos que rigen actualmente la cría de estos animales. Así nació el concepto de raza pura, que permitió la clasificación de los perros.

También fue a finales de ese siglo cuando se organizaron las primeras exposiciones caninas para buscar los ejemplares que mejor combinasen las cualidades estéticas con las características propias de cada raza. Pronto suscitaron un gran interés en todo el mundo, lo que llevó a la redacción de un reglamento que sirviera de base a los jueces de esas exhibiciones para elegir a los ejemplares mejor dotados.

Por último, resulta interesante explicar que actualmente el concepto de raza definido por las asociaciones y clubes caninos tiene más una base administrativa que propiamente biológica. Según ese criterio, una raza estaría formada por un grupo de animales que han sido seleccionados por los humanos para poseer

Las primeras exposiciones caninas para mostrar los mejores ejemplares de raza se celebraron en 1859 en Inglaterra y en 1863 en París. Desde entonces, son habituales en muchos países.

Foto superior, exposición internacional de perros Golden Gate, el 26 de abril de 2008 en Kiev, Ucrania.
Foto inferior, juez examinando a un ejemplar en el World Dog Show el 25 de junio de 2016 en el Crocus Expo de Moscú.

una apariencia uniforme y heredable que los distingue de los demás grupos de animales de la misma especie. Hoy en día, están reconocidas más de 400 razas, un récord que solo ostenta el perro entre todas las especies animales que pueblan el planeta.

En este libro vamos a seguir la clasificación que establece la Federación Cinológica Internacional, que es la mayor organización encargada de la selección y estandarización de las razas caninas, así como de las normas para su cría. Este organismo reúne las razas en 10 grupos atendiendo a la función principal que desempeñan los perros y a sus características propias. Las agrupa del modo que vemos en el siguiente cuadro.

En las páginas siguientes se explicarán las principales características de cada grupo y de sus razas más representativas.

CLASIFICACIÓN

Grupo 1. Perros pastores y boyeros (excepto suizos)

Grupo 2. Pinschers, schnauzers, molosoides, de montaña y boyeros suizos

Grupo 3. Terriers

Grupo 4. Teckels

Grupo 5. Tipo spitz y primitivo

Grupo 6. Tipo sabueso, de rastreo y similares

Grupo 7. De muestra

Grupo 8. Cobradores y levantadores de caza, perros de agua

Grupo 9. De compañía

Grupo 10. Lebreles

CARACTERÍSTICAS ANATÓMICAS GENERALES

Conocer la terminología específica que emplean los especialistas caninos y tener una visión general de las características anatómicas de los perros ayudará a comprender mejor la información que se ofrece más adelante sobre las particularidades de las razas.

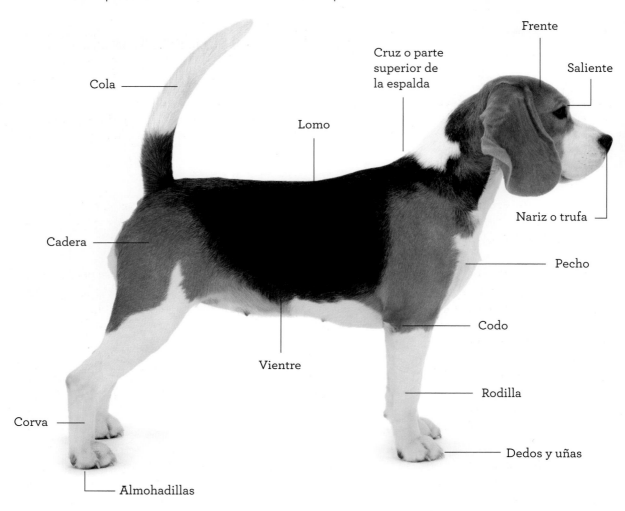

La **altura** del perro se mide desde el suelo hasta la cruz, que es la parte superior de la espalda (el punto más alto entre los omóplatos).

El **pelaje** o **manto** es la capa de pelo que cubre el cuerpo y las patas. Este pelaje puede ser sencillo, es decir, formado por una sola capa, o doble, compuesto por una capa superior de pelo más grueso y otra inferior mucho más suave y esponjosa que actúa como aislante de la temperatura exterior. Esta segunda capa es habitual en los perros adaptados a los climas fríos, como el husky siberiano o el malamute de Alaska. En general, la coloración del pelaje suele ser más oscura en la parte superior del animal y más clara, o incluso blanca, en el vientre, el pecho y las patas.

Los perros son muy sensibles al tacto. Tocarlos y acariciarlos ayuda a que se relajen y se sientan más felices, estrechando de ese modo la relación con su dueño.

El excelente olfato de los perros, unido a su extraordinaria sensibilidad y agudeza, permite adiestrarlos para la búsqueda de cualquier tipo de sustancias.

Las **patas** traseras suelen ser más musculosas y rígidas que las delanteras para favorecer la carrera y el salto. Muchas razas aún conservan garras vestigiales (espuelas o espolones) en las patas traseras, en las delanteras o en ambas. Para caminar, el perro se apoya sobre los dedos.

Los **ojos** varían mucho de forma y tamaño de unas razas a otras. En general, las que tienen el hocico largo cuentan con un campo de visión más amplio. En cuanto a la vista, suele ser excelente en lo que se refiere a la percepción del movimiento, pero no tanto en lo relativo a los detalles. También es muy buena la visión nocturna y crepuscular, sin duda, un atavismo que conservan de cuando eran salvajes y tenían que cazar y detectar a sus presas y a sus predadores.

Las **orejas** de los perros están dotadas de una compleja musculatura que permite, a la mayoría de las razas, levantarlas y bajarlas, inclinarlas o rotarlas hacia la dirección del sonido. Su sentido del oído es muy bueno y capaz de detectar sonidos más graves y más agudos que los que las personas podemos percibir y a una distancia cuatro veces mayor.

El **olfato** es su sentido más desarrollado. Resulta extraordinariamente sensible gracias a los millones de células olfativas que poseen. Los perros son capaces de detectar olores a concentraciones casi cien millones de veces inferiores a las que percibe un humano. La **trufa**, que es la parte exterior de la nariz, debe estar siempre húmeda para captar bien las sensaciones olfativas.

En cuanto al **tacto**, los perros tienen receptores distribuidos por todo el cuerpo, aunque las zonas más sensibles suelen ser el lomo (a lo largo de la columna vertebral), la cola y las almohadillas. También los «bigotes» del hocico y los pelos sensitivos o vibrisas que tienen bajo la mandíbula y encima de los ojos contribuyen a recoger información sensorial de su entorno.

El sentido del **gusto** está muy relacionado con el **olfato**. Los perros lamen por motivos muy diferentes: para captar un olor o un sabor, para fortalecer el vínculo con el amo (o el de la madre con sus cachorros), también como una expresión de afecto o para calmar la ansiedad e incluso para invitar al juego y las caricias.

COMPORTAMIENTO Y SOCIABILIDAD

Los perros son animales inteligentes, con una gran capacidad de aprendizaje, pero hay que tener en cuenta que todavía conservan muchos atavismos de sus antepasados salvajes. Por eso, para comprender sus pautas de comportamiento y lograr una convivencia armónica, es importante entender su sentido de la organización social y jerárquica y el lenguaje que emplean para comunicarse entre ellos y con los humanos. Los problemas de conducta se podrán solucionar con un adecuado adiestramiento y buenas dosis de paciencia.

Hay muchas formas de hacer entender a un perro «quién manda». Por ejemplo, no accediendo a sus exigencias ni de comida ni de caricias, enseñándolo a entrar y salir de casa detrás de su dueño o no permitiéndole subirse a un sofá si no se lo invita expresamente a hacerlo.

La vida en manada es uno de los instintos que conservan todas las razas de perros en mayor o menor grado. Cuando el perro vive en familia, esta se convierte en su manada y, como en las manadas, las relaciones se basan en una estructura jerárquica que se manifiesta a través de pautas de dominancia y sumisión. Es importante tener esto en cuenta, ya que el perro debe entender siempre que él ocupa la posición inferior, incluso detrás del miembro más pequeño de la familia. Si se le enseña esta premisa desde que es cachorro, no suelen presentarse conductas no deseables, especialmente con los ejemplares de

UN LENGUAJE ELABORADO

Los perros se comunican —tanto con sus congéneres como con sus dueños— mediante tres tipos de señales: visuales, olfativas y acústicas. A continuación, se muestra algunas señales visuales que relacionan el comportamiento con el lenguaje del cuerpo.

TEMOR O SUMISIÓN
- ojos muy abiertos y mirada fija con pupilas dilatadas;
- orejas inclinadas hacia atrás;
- pequeños gemidos;
- cola hacia abajo y metida o enroscada entre las patas;
- cuerpo agachado.

AGRESIÓN DEFENSIVA
- hocico retraído y mostrando los dientes.; gruñidos;
- orejas aplastadas contra la cabeza;
- ojos muy abiertos y con la pupila dilatada;
- cola hacia abajo;
- pelaje de la nuca y el lomo erizado;
- cuerpo inclinado hacia atrás.

AGRESIÓN OFENSIVA
- hocico retraído y mostrando los dientes; gruñidos;
- orejas erguidas;
- ojos que sostienen la mirada;
- cola hacia arriba, a veces con el pelo erizado;
- cuerpo erguido e inclinado hacia delante.

RELAJACIÓN
- orejas ni hacia delante ni hacia atrás;
- ojos con un lento parpadeo;
- cola hacia abajo, pero no entre las patas, a veces moviéndola lentamente;
- cuerpo relajado, el peso distribuido uniformemente, sin tensión.

ALERTA
- orejas erguidas y ligeramente hacia delante;
- ojos dirigidos hacia lo que llama su atención;
- boca completamente cerrada.

JUEGO
- orejas erguidas o relajadas;
- boca abierta y con la lengua fuera;
- ladridos alegres;
- cuerpo agachado en forma de reverencia que alterna con persecuciones simuladas.

razas que, por carácter, son más dominantes. Esta enseñanza nunca debe imponerse utilizando la fuerza, sino a través de instrucciones claras y precisas, premiándolo cada vez que obedezca.

SOCIABILIDAD CON LOS NIÑOS

Es muy importante tener en cuenta este aspecto cuando se va a adquirir un perro. Siempre resulta de gran ayuda que el can esté acostumbrado a la vida en familia y que no sea nervioso ni asustadizo porque a veces la convivencia con niños pequeños no es tarea fácil. Se debe implicar a los niños en el cuidado y la alimentación de la nueva mascota (siempre bajo la supervisión de un adulto) e impedirles que atosiguen y molesten al animal o que lo consideren un juguete. Por otro lado, al perro hay que procurarle un lugar seguro donde refugiarse y no consentir que se comporte de forma agresiva con los niños, ni les ladre ni, por supuesto, haga siquiera el ademán de morder. Si se maneja bien esa relación desde el principio, se fomentará el sentido de la responsabilidad de los niños y se logrará que el perro sea más sociable.

No todas las razas son igualmente adecuadas para convivir con niños pequeños. Por ejemplo, el setter inglés, el golden retriever o los spaniel, especialmente el pequeño cavalier king Charles, se adaptan muy

El perro no siempre se va a sentir seguro con las efusivas muestras de cariño de un niño, pero debe acostumbrarse a aceptarlas sin considerarlas un peligro. Al mismo tiempo, también hay que enseñar al niño a no realizar movimientos bruscos ni alzar la voz.

Si un perro y un gato han compartido el hogar desde cachorros, es fácil que se conviertan en inseparables compañeros de juegos… y de sueños.

bien. Otros, como el chihuahua o el pequinés, no son juguetones ni pacientes.

SOCIABILIDAD CON OTROS ANIMALES

No hay que pensar que un perro dócil con su dueño vaya a serlo también con otros perros. En ocasiones, las raíces de la agresividad se deben al temor, la desconfianza o simplemente al carácter dominante del animal, que ve al resto de sus congéneres como posibles rivales. Una escasa socialización cuando es cachorro o algún ataque sufrido en esa época pueden ser la raíz de un problema que es difícil resolver. Asimismo puede ocurrir que la agresividad se manifieste entre perros que comparten el mismo domicilio. Para esos casos, la actitud del dueño resulta fundamental: él debe imponerse como «jefe» para controlar la lucha por la jerarquía. Los consejos de un experto ayudan mucho en esos casos.

Los problemas de agresividad también pueden producirse con personas extrañas a la familia y suelen ser debidos al miedo o la inseguridad que provoca una situación que escapa de la rutina diaria,

Dar un paseo al perro antes de ausentarse, servirle la ración de comida que le corresponda o permitirle estar en la habitación que habitualmente comparte con sus dueños son gestos que lo ayudan a paliar su ansiedad.

así como al carácter muy dominante de un perro que no ha aprendido a respetar y obedecer a los humanos.

En cuanto a la relación con otras mascotas, solo cabe decir que la convivencia entre ellas resulta más sencilla si comienza cuando los animales son cachorros, pues a esa edad predomina la tendencia al juego sobre la lucha jerárquica.

PROBLEMAS DE CONDUCTA. ANSIEDAD Y MIEDO

Muchas alteraciones de la conducta de los perros son debidas a la ansiedad o el miedo, ya sea por un cambio de su rutina o por la separación cuando el dueño se ausenta de la casa o por el miedo a ruidos. Estos problemas de conducta suele traducirse en destrozos del mobiliario, hiperactividad, hacerse las necesidades en el interior del hogar o ladrar y aullar sin pausa durante horas.

EL PROBLEMA DE LA ANSIEDAD

En la base de conductas ansiosas está la inseguridad de la mascota. En general, se trata de animales obedientes y afectuosos, pero que tienen una dependencia excesiva del dueño, ya sea por poseer un instinto de manada exacerbado, por haber sido separados de sus madres antes de tiempo o por tratarse de animales mayores que acusan la pérdida de sus facultades y se sienten más vulnerables.

Lo mejor en estos casos es consultar con un especialista, ya que la solución no es rápida ni sencilla. Desde luego, nunca hay que castigarlo por esos comportamientos, ya que el animal sabe que ha hecho algo mal y que su dueño se enfadará. Poner en práctica alguna técnica de separación no traumática, «cansarlo» con ejercicio antes de ausentarse, dejarlo cerca de alguna prenda usada que aún conserve el olor de su dueño, mantener encendida la radio o la televisión, dejarle algún juguete con golosinas, contratar un acompañante que alivie los ratos de soledad o, incluso, administrarle algún ansiolítico (siempre bajo prescripción veterinaria) pueden ser soluciones al problema.

PERROS MIEDOSOS… E INTRÉPIDOS CAZADORES

¿Por qué un perro se asusta con los truenos de una tormenta y otro no mueve ni un músculo al escuchar el estampido? ¿Por qué una cortina que se balancea con el viento llega a convertirse en un episodio aterrador? ¿Y el ruido de la aspiradora? Hay situaciones que pueden alterar el comportamiento de un perro y se desconoce por qué. Quizá sea debido a factores genéticos, a la convivencia con un dueño algo asustadizo o a alguna experiencia traumática vivida durante su etapa de cachorro. En estos casos, lo que debe hacer el dueño es hablarle con tono seguro, sin preocupación ni lástima (que solo contribuirán a aumentar su grado de angustia), y proporcionarle un lugar seguro y alejado de aquello que le causa tanto miedo. Por último, premiarlo con una golosina y unas caricias cuando deje de temblar también son estímulos positivos.

¿Y qué hacer cuando tu adorada mascota deja a tus pies, a modo de ofrenda, un pájaro o una lagartija que acaba de cazar? Lo primero es asumir que los perros cazan por instinto, que ellos no entienden que pueda desagra-

SEÑALES DE COMPORTAMIENTO DEL PERRO: MIEDO Y ANSIEDAD

PRINCIPALES SEÑALES DEL MIEDO

Asustado   Agazapado   Temblor   Acobardado

Retrocediendo   Huyendo   Orejas hacia atrás

De repente no quiere comer pero tenía hambre antes   Sospechoso   No se acerca

Bostezando cuando no están cansados   Ritmo   Lamiendo los labios cuando no hay comida cerca

darte ese obsequio. La única solución es educarlo para que, en la medida de lo posible, obedezca las órdenes del dueño y no salga corriendo detrás de cualquier animal en movimiento que llame su atención. Sin embargo, en algunos casos, como en el de los perros llamados primitivos, como el husky, el éxito será difícil de alcanzar.

OTROS PROBLEMAS DE COMPORTAMIENTO

Perros que ladran desaforadamente ante cualquier situación, otros que escarban la tierra de forma compulsiva o los que orinan para marcar su territorio, todas estas conductas son problemas que se presentan con cierta frecuencia entre las mascotas caninas. En cada caso, el mejor remedio es una paciente educación acompañada siempre del esfuerzo por evitar las ocasiones propicias para tales comportamientos.

CUIDADOS BÁSICOS

LA ALIMENTACIÓN MÁS ADECUADA

La base de la alimentación de los perros son las proteínas, nutrientes que les aportan los aminoácidos esenciales que precisan para desarrollarse y mantener un buen estado nutricional. Esas proteínas las proporcionan la carne, las vísceras y el pescado. Pero para conseguir una dieta equilibrada no solo hay que incluir proteínas, sino también grasas saludables (como la del aceite de salmón), carbohidratos (a partir de cereales como el arroz) y vitaminas y minerales (presentes sobre todo en las frutas y las verduras).

TIPOS DE COMIDA

PIENSO O COMIDA SECA

Es la más completa desde el punto de vista nutricional y también la que contiene más calorías y proteínas. Resulta más económica que las otras y se conserva bien durante mucho tiempo sin necesidad de cuidados especiales.

COMIDA SEMIHÚMEDA

Su contenido en proteínas es solo ligeramente inferior al del pienso seco, pero aporta menos calorías. Como contiene humedad, su textura resulta muy suave y fácil de masticar, además de que su sabor es más apetecible.

COMIDA HÚMEDA

Contiene tres cuartas partes de agua y menos proteínas que las anteriores. También aporta menos calorías y debe conservarse en frío una vez abierta. Suele agradar a los perros porque es muy tierna y sabrosa.

Estos tipos de comidas resultan adecuados nutricionalmente. Solo hay que elegir la que mejor se adapte a las condiciones físicas del perro y a sus gustos.

Durante la etapa de cachorro, el perro va completando el desarrollo de sus huesos y de su masa corporal. Por eso necesita una alimentación rica en proteínas de alta calidad, fósforo, calcio y vitamina D.

Lo más importante es que la alimentación de un perro esté ajustada a sus necesidades energéticas, las cuales varían según la etapa de la vida en la que se encuentre, su tamaño, el sexo y el nivel de actividad física que mantenga. Ya hemos visto que la dieta no se debe basar exclusivamente en la carne, que, como promedio, ha de constituir el 70 % de la ingesta. Las frutas y las verduras deben integrarse en un 25 % y los cereales, en un 5 %. Aunque el perro es un animal omnívoro, es decir, que come de todo, hay algunos alimentos que no deben formar parte de su dieta diaria (como la leche y los productos lácteos) y otros que están absolutamente prohibidos, como el chocolate.

¿Y LOS CACHORROS?

Por lo general, durante las primeras semanas de vida el cachorro solo se alimenta de leche materna. Poco a poco, a partir de las cuatro semanas, se puede ir acostumbrando a tomar alimentos sólidos especialmente formulados para esa etapa de la vida en la que precisa un importante aporte energético. Normalmente, entre los 6 y los 18 meses, dependiendo de la raza, se puede pasar del alimento para cachorros a la comida para perros jóvenes o juniors. No todas las razas alcanzan la adultez a la misma edad. Por ejemplo, las razas muy pequeñas (hasta 4 kg) y pequeñas (hasta 10 kg) lo hacen entre los 8 y 10 meses; las de tamaño mediano (entre 11 y 25 kg) se consideran adultas a los 12 meses; las grandes (de 26 a 44 kg), a los 15 meses, y las muy grandes (de 45 kg o más) a los 18-24 meses.

Mientras el perro es cachorro, las comidas se deben repartir a lo largo del día, ya que su estómago todavía es pequeño y no puede procesar grandes cantidades. El veterinario aconsejará sobre la mejor pauta de alimentación, pero, por lo general, irá desde las tres comidas al día durante los primeros cuatro a seis meses, hasta una o dos cuando alcance la edad adulta.

ALGUNOS CONSEJOS PRÁCTICOS

- **Mantener un horario fijo de comidas.** El perro se acostumbrará muy bien y eso evitará el deseo constante de comer a deshoras. Además, beneficiará su digestión y evitará problemas de vómitos en animales con estómago delicado.
- **Darle de comer al mismo tiempo que lo hace el resto de la familia.** Eso ayudará a quitarle esa costumbre tan molesta de pedir cuando estéis en la mesa.
- **No cambiar frecuentemente de tipo de comida,** ya que esa práctica provoca al perro problemas digestivos, como diarrea.
- **Respetar un tiempo de descanso** después de las comidas para facilitar la digestión. En ese periodo no hay que estimularlo con juegos ni hacerlo correr.
- **No abusar de las golosinas** ni de los huesos procesados, ya que suelen tener un elevado contenido en grasas y carbohidratos.
- **La hidratación es muy importante.** Vigilar que el perro siempre disponga de agua fresca y abundante.

NECESIDAD DE EJERCICIO Y JUEGO

Junto con la alimentación, la actividad física y los estímulos para el juego conforman la base de la buena salud física y emocional del perro. Es indispensable que a diario el animal realice ejercicios adaptados a su edad que le permitan gastar las energías sobrantes. También debe recibir todos los estímulos necesarios para que su desarrollo psicológico sea el adecuado y pueda sociabilizar bien con los seres humanos y con otros animales. Esto puede realizarse con ayuda de juguetes o juegos interactivos.

El juego con otros perros ayuda a mejorar su capacidad para sociabilizar y desarrollar nuevas habilidades de comportamiento.

Resulta complejo dar pautas exactas sobre el nivel de ejercicio que necesita un perro y su duración, ya que tales aspectos dependerán de la raza, la edad y el estilo de vida del animal. Como norma general, se puede decir que lo ideal es que haga dos o tres paseos diarios, uno de ellos de al menos 30 minutos. Claro que hay perros que requieren más tiempo para gastar sus energías y otros que pueden sentirse bien con menos. Entre los primeros están la mayoría de los perros de tamaño mediano o grande, aunque algunos pequeños también son muy vigorosos, como el teckel. Por el contrario, razas como el bichón maltés se conforman con un único paseo al día. Cuando sea posible, es conveniente que el perro vaya libre (sin correa) durante su paseo, aunque siempre debe primar la seguridad (la del propio animal, la de los viandantes y la de otros perros). Por eso no hay que soltarlo en una zona con tráfico de coches ni si se trata de un perro agresivo o muy ladrador. Tampoco habrá que soltarlo si no se tiene la seguridad de que acudirá a la llamada.

Si hay alguna música que ayuda a un perro a relajarse, puede dejarse sonando cuando tenga que quedarse solo en casa, lo que disminuirá su nivel de estrés por separación.

Se insiste en que el ejercicio debe ser regular. Se ha comprobado que los perros que practican diariamente alguna actividad física se comportan mejor en casa, ladran menos y disminuyen sus hábitos destructivos. Además, reporta enormes beneficios para su salud, previniendo la obesidad y los problemas derivados de ella.

EL JUEGO

Hacer ejercicio no es solo caminar, correr o nadar. El juego es otra forma de actividad física que, además, estimula la capacidad de aprendizaje del perro, le procura momentos de gran diversión y ayuda a reforzar su vínculo con las personas.

Juegos sencillos, como perseguir y traer una pelota, un disco o un muñeco; el tira y afloja con algún hueso de cuerda o simplemente perseguirlo satisfacen al animal tanto como otros más sofisticados. La búsqueda de objetos o golosinas es uno de los pasatiempos favoritos de los perros y, además, los ayuda a ejercitar el olfato.

ALGUNOS CONSEJOS SOBRE EL JUEGO Y LOS JUGUETES

- **Si se usan pelotas u otros objetos que el animal deba atrapar, hay que asegurarse de que tengan el tamaño adecuado**, es decir, que no sean muy grandes para que pueda sujetarlos con la boca ni tan pequeños que exista el riesgo de que se los trague.
- **Nunca usar objetos de la casa ni juguetes personales**, ya que el perro los considerará de su propiedad y los utilizará para entretenerse en cualquier momento.
- **Vigilar el nivel de tensión y sobreexcitación del animal durante el juego.** Si se eleva demasiado, conviene parar el juego, dejar que se tranquilice y después reanudarlo, pero con un nivel más bajo de energía.
- **Si el perro pasa mucho tiempo solo, convendrá compensar esa soledad** no solo con ejercicio, sino también con juego.
- **El adiestramiento es otro tipo de juego.** Resulta muy práctico aprovechar los momentos lúdicos para enseñarle a obedecer órdenes básicas, como «sienta», «tumba», «quieto» o «a tu sitio». Cuando lo haga bien, una caricia, una alabanza en tono alegre o un premio en forma de golosina lo estimularán para volver a ejecutar bien esas órdenes.
- **Tan importante como el juego es enseñar al perro a relajarse después de la actividad física.** Hacer que se tumbe y acariciarlo o masajearlo, incluso poner música suave, son buenas alternativas para lograrlo.

ASEO Y CUIDADOS HIGIÉNICOS

Otro de los factores que ayuda a mantener la buena salud de nuestro perro es seguir una correcta rutina de aseo. Esa rutina debe incluir los baños, el cepillado del pelo y la limpieza de dientes, orejas, ojos y pies. Con ello aseguraremos el buen estado del animal y también preservaremos la salud de las personas que conviven con él.

El cepillado del pelo es la primera práctica que no se debe descuidar cuando se trata del aseo de un perro. Hay que realizarlo frecuentemente a fin de eliminar los pelos muertos y la suciedad que se adhiere al manto durante los paseos y en los juegos, especialmente si se ha estado en una zona cubierta de hierbas altas o maleza. Además, el cepillado fortalece la base del pelo al aplicar un masaje en la piel. Otro importante beneficio del cepillado es que resulta un momento especialmente bueno para detectar cualquier anomalía en el manto del animal, como la presencia de garrapatas, signos de descamación, bultos o calvas que debería examinar el veterinario.

Se ha de tener en cuenta que el manto de los perros difiere mucho en textura y grosor dependiendo de la raza. Sin duda, las razas que tienen el pelo largo son las que requieren más cuidados, pero también los necesitan las de pelo corto, como el bóxer. Hay perros, como los huskies siberianos, que cuentan con una especie de borra bajo la capa de pelo que les sirve de aislante y que conviene ir eliminando periódicamente.

La práctica del cepillado hay que extenderla asimismo a los cachorros, no solo para que desarrollen un manto fuerte, sino también para acostumbrarlos a las manipulaciones que exigen los cuidados higiénicos rutinarios para que, cuando sean adultos, esto no les genere estrés. Acompañar las pasadas del cepillo

Durante las épocas de muda del pelo, que suelen ser en primavera y otoño, hay que aumentar el número de cepillados independientemente de la longitud del pelo.

con algunas caricias y palabras cariñosas o finalizar la tarea con una golosina como premio puede hacer más grato ese momento para el animal y ayudará a estrechar la relación afectiva con él. Si el cachorro es asustadizo y el cepillo le produce miedo, es recomendable realizar el cepillado cuando el animal se encuentre cansado después del paseo o los juegos. También es una buena práctica situarlo sobre una alfombrilla antideslizante para evitar que se resbale y se asuste más.

El cepillado debe comenzar por eliminar los nudos en el pelo empleando un peine de púas finas en zonas como las orejas, el cuello o bajo la cola. Para el resto del cuerpo conviene elegir un cepillo adecuado al tipo de manto, por ejemplo, de cerdas suaves si el pelo es sedoso o de cerdas más firmes si el pelo es más bien duro o de tipo lanoso.

La dirección del cepillado ha de ser en el sentido del crecimiento del pelo de cada zona. Así, en el dorso, debe ser de delante hacia atrás; en los laterales y patas, de arriba hacia abajo. No hay que olvidar cepillar la parte inferior, teniendo especial cuidado si se trata de una hembra para no herir las mamas.

EL CORTE DE PELO

En este punto hay que informarse muy bien, ya que hay razas a las que no conviene cortarles el pelo. Por supuesto, los perros de pelo corto y duro, como el pastor alemán, no precisan de este cuidado. Razas como el husky siberiano, el Alaska malamute o el collie nunca deben pasar por la peluquería canina. Estos perros tienen una doble capa de pelo que actúa como aislante de la temperatura exterior, y si se les corta la capa externa (la que vemos), eliminamos esa protección, el animal transpira peor y puede llegar a sufrir quemaduras en la piel.

En todo caso, cuando se vea necesario un corte, nunca debe ser drástico y con maquinilla, sino simplemente un recorte del largo del pelo efectuado con tijeras.

EL BAÑO

Esta práctica ayudará a completar el cuidado higiénico del manto y la piel, pero no debe realizarse más de lo necesario. Por ejemplo, para un perro de pelo largo puede ser suficiente un baño al mes y uno cada dos o tres meses si se trata de una raza de pelo corto.

Siempre hay que emplear un champú suave, pudiendo elegir entre uno especial para perros o uno para niños. En el mercado hay disponibles champús para cada tipo de pelo y el veterinario será quien mejor pueda aconsejar sobre este aspecto.

El agua ha de estar templada, de acuerdo con la temperatura del animal, que suele ser de unos 39 °C. El baño debe comenzarse por la parte posterior del perro e ir avanzando hacia la cabeza. Conviene vigilar que no se le meta jabón en los ojos ni agua en las orejas. Para evitar esto último, se pueden emplear tapones de algodón. Al acabar el baño hay que secarle muy bien el manto frotando con una toalla y utilizando el secador si es necesario, pero siempre a temperatura muy baja para no quemarle la piel.

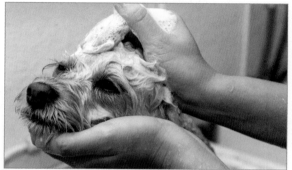

LA LIMPIEZA DE LOS DIENTES

La limpieza dental debe formar parte de la rutina higiénica habitual del animal. Igual que en las personas, el cepillado de los dientes evitará los problemas de mal aliento y ayudará a prevenir infecciones, inflamaciones y otras patologías más graves.

Normalmente bastará con dos o tres cepillados dentales a la semana, empleando para ello un cepillo especial para perros, uno de cerdas muy suaves para niños, un cepillo tipo dedal o simplemente una gasa. Se puede usar cualquiera de estos utensilios humedecidos con agua y, opcionalmente, con una pasta dental para perros. Nunca hay que emplear nuestra pasta dentífrica, ya que contiene

TIPOS DE PELO

PELO LARGO
- Cepillado diario.
- Cepillo con cerdas de punta redondeada por un lado y más duras por el otro.
- El primer cepillado en el sentido del crecimiento del pelo para desenredar. El segundo a contrapelo para activar la circulación.
- Aplicar un acondicionador antes de cepillar para evitar los tirones.

PELO CORTO
- Dos cepillados a la semana.
- Cepillo con cerdas de goma o una manopla. Es importante que sean suaves para no dañar la piel, ya que el pelo corto la protege menos que el largo.
- El primer cepillado en el sentido del pelo para eliminar suciedad. El segundo a contrapelo para activar la circulación.

algunos componentes nocivos para el perro, como el flúor (que se tragará porque no sabe escupir la pasta). La limpieza se puede completar con un elixir especial para estos animales.

Si se advierten signos de formación de sarro, hay que acudir al veterinario para que lo elimine, ya que este problema puede ocasionar la caída de los dientes.

LA LIMPIEZA DE LOS OJOS, LOS OÍDOS Y LAS PATAS

Un problema muy habitual en los perros es la formación de legañas en los ojos, que se deben eliminar no solo porque son antiestéticas, sino también para prevenir infecciones, como la conjuntivitis. La forma más sencilla de retirarlas es con una gasa humedecida con suero fisiológico.

En cuanto a los oídos, conviene revisarlos periódicamente para comprobar que no estén obstruidos por el cerumen. En el caso de perros con las orejas grandes, debe hacerse una vez a la semana, mientras para los de orejas cortas puede ser suficiente con dos veces al mes. La limpieza se realiza con una gasa enrollada en el dedo índice y puede completarse con productos limpiadores específicos para esta clase de higiene.

Otra parte que hay que vigilar con frecuencia son las patas, en concreto, el espacio entre los dedos y las almohadillas. Se debe comprobar que no se le haya clavado ningún pincho, una semilla u otro objeto extraño que, además de causarle dolor, pueda convertirse en un foco infeccioso.

También hay que recortarle las uñas cuando sea necesario con un cortaúñas especial para perros. Lo mejor es buscar un lugar donde el animal se encuentre cómodo, levantarle la pata con cuidado y, sosteniendo el cortaúñas en un ángulo de 45º, colocarlo en el borde de la uña. Primero se recorta solo la punta y luego se observa si es necesario cortar más. Es importante no llegar a la carne para no hacerle una herida. En los perros de uñas claras, la carne se verá como un círculo más o menos rosado en el centro de la uña, pero en los perros de uñas oscuras es más difícil hacer esa comprobación, ya que la carne se ve como un círculo pequeño y oscuro, muy similar al color de la uña.

TIPOS DE PELO

PELO MEDIO
- Cuatro cepillados a la semana.
- Cepillo con cerdas metálicas o naturales (nunca de plástico) y específico para desenredar nudos con delicadeza.
- El primer cepillado en el sentido del pelo. El segundo a contrapelo y un tercero en la dirección del crecimiento del pelo.

PELO RIZADO
- Cepillado complicado.
- Cepillo con cerdas anchas y largas con puntas redondeadas para quitar los enredos. A veces hay que ayudarse con unas tijeras.
- El primer cepillado en el sentido del pelo para quitar nudos. El segundo a contrapelo y con mucha suavidad y un tercero a favor del pelo y con delicadeza.

OTROS CUIDADOS

Además de la alimentación, el ejercicio y la higiene, hay otros aspectos que se deben observar para mantener a un perro sano y feliz, como aprender a actuar ante pequeñas indisposiciones de salud, conocer el lugar más apropiado para que descanse durante el día y duerma tranquilo toda la noche o cómo debe viajar en un coche cumpliendo las normas de seguridad.

Sin duda, uno de los aspectos que más preocupa a cualquier propietario de un perro es que el animal enferme. El primer consejo en este sentido es que, ante cualquier síntoma extraño o cambio de conducta, se acuda al veterinario. El segundo consejo está enfocado a la prevención de las enfermedades más graves y, para eso, la solución pasa por cumplir estrictamente el calendario de vacunaciones. Las **vacunas** imprescindibles son las del moquillo, el parvovirus y la hepatitis canina, la leptospirosis, la llamada tos de las perreras y la rabia. En la clínica veterinaria nos avisarán cuando a nuestra mascota le corresponda vacunarse contra alguna de esas enfermedades.

Pero hay trastornos habituales que también precisan de vigilancia y tratamiento especializado. Unos de los más habituales son los **problemas digestivos**, que suelen manifestarse con alguno de los siguientes síntomas: vómitos, diarrea, flatulencias, ruidos estomacales, pérdida de apetito e inactividad. También son relativamente frecuentes las **alergias cutáneas**, producidas en la mayoría de los casos por algún tipo de polen o por el polvo doméstico. Estas alergias suelen producir dermatitis que cursan con picor. Si el animal se rasca más de lo normal, llevadlo al veterinario para que diagnostique si se trata de una alergia o de la presencia de parásitos, como pulgas o garrapatas. Desparasitarlo internamente con pastillas y usar collares antipulgas son prácticas absolutamente necesarias durante todo el año.

La **deshidratación** y los **golpes de calor** son dos problemas graves que pueden afectar al perro. Si hace mucho calor y observamos que el animal jadea en exceso, tiene los ojos vidriosos, babea más de lo habitual o está aletargado y poco atento a los estímulos, se puede sospechar que está padeciendo un golpe de calor. En esos casos, lo primero es instalarle en una habitación fresca para bajarle la temperatura corporal, que nunca debe estar por encima de los 41 °C. También es buena idea refrescarlo con toallas mojadas en agua fría, insistiendo en el cuello, las axilas, entre las patas traseras y, suavemente, en las orejas y las almohadillas de las patas. Hay que ofrecerle agua fresca (pero no obligarlo a beber) y después de esas primeras actuaciones de emergencia llevarlo al veterinario.

Cualquier perro puede sufrir un golpe de calor, pero el riesgo aumenta si se trata de una raza de pelo largo y denso, de un cachorro, de un animal muy mayor o si tiene sobrepeso o alguna enfermedad que le afecte la respiración o la frecuencia cardíaca. Las razas con el hocico muy chato, como el bulldog, el carlino o el bóxer, también son más susceptibles que otras a los golpes de calor.

CONSEJOS PARA PREVENIR LOS GOLPES DE CALOR

- Limitar el ejercicio al aire libre cuando hace mucho calor o hay una elevada humedad.
- Cuando esté en el exterior, situarlo a la sombra y con agua fresca;
- Si necesita ejercicio para sentirse bien, que sea natación o juegos con agua;
- Sacarlo a pasear a las horas más frescas y llevar una provisión de agua. Tener en cuenta que el asfalto recalentado puede producirle quemaduras en las almohadillas.
- Si se va de excursión, dejarlo descansar de vez en cuando y darle agua.

UN RINCÓN CONFORTABLE

Al igual que las personas, cada perro tiene sus costumbres y sus preferencias, lo que puede aplicar perfectamente a la elección del lugar de descanso. Este es un aspecto muy importante en lo relativo a los cuidados del animal. Se debe t ener en cuenta que los perros adultos duermen entre 12 y 14 horas al día, y los cachorros pueden llegar a dormir 20 horas. Por lo tanto, es importante decidir dónde se crea su espacio de reposo.

En general, cuando el dueño está en casa, el perro prefiere descansar junto a él, por lo que conviene colocar cerca algún cojín, una cama o una alfombra confortable en donde el animal se pueda tumbar. Si el dueño no está en casa o el animal tiene un carácter independiente, elegirá sus lugares favoritos dentro del hogar y será en ellos donde habrá que organizar un rincón confortable para que descanse.

Es imprescindible que el rincón de descanso del perro mantenga una buena temperatura, es decir, que sea fresco en verano y cálido en invierno, evitando las zonas con corrientes de aire o la cercanía a los radiadores. También debe tratarse de un lugar tranquilo, donde no haya ruidos ni trasiego continuo de personas que puedan alterar su reposo.

Otro aspecto importante es la elección de la cama. Desde luego, la nuestra o la de cualquier miembro de la familia no debe ser una opción. En el mercado existen muchos modelos de camas para perros, desde las clásicas hasta las de tipo sofá, colchoneta, iglú o, incluso, elevadas. Habrá que elegir la que mejor se adapte a la edad y las necesidades del perro. En todos los casos, la cama debe tener un tamaño adecuado, lo suficientemente grande para que el animal quepa estirado, ya que no siempre dormirá

¡NO QUIERO DORMIR EN MI CAMA!

Si el perro se sube constantemente a nuestra cama o al sofá, puede ser por varios motivos:

- **No quiere dormir solo:** esta conducta es más habitual en los cachorros y ponerle solución será cuestión de paciencia y aprendizaje. También puede presentarse en animales muy miedosos cuando algún factor externo los altera (por ejemplo, una tormenta) y en animales adoptados que necesiten un extra de cariño.
- **La cama le resulta incómoda:** comprobad que su tamaño sea correcto, su ubicación, adecuada y que le proporcione una temperatura confortable.

enroscado. Así podrá cambiar de postura con facilidad. También conviene que sea mullida y cómoda, con la base gruesa para aislarlo bien del suelo. En los meses más fríos, se puede colocar además una manta con el fin de que el aislamiento sea mayor. En cuanto a los materiales, ha de ser lavable y evitar los tejidos plastificados, ya que no son absorbentes.

En general, a los perros no les gusta dormir en el exterior, pues son animales muy sociables. Como les gusta la compañía, esa situación de alejamiento les puede ocasionar estrés y problemas de conducta.

Si el animal tiene un carácter tranquilo o muy independiente, es posible que no se presenten esos inconvenientes. En caso contrario, dormir con otro perro podría ser una buena opción.

Si vuestra decisión es que el perro duerma en el exterior, será necesario elegir una buena caseta fabricada con materiales de calidad que lo resguarden adecuadamente del frío, el calor, el viento, la lluvia y la humedad. La caseta debe estar elevada del suelo y conviene situarla junto a la casa para que el animal se sienta más cómodo y seguro. Nunca se debe elegir esta opción para un cachorro de menos de seis meses de edad, ya que todavía no pueden regular bien su temperatura.

VIAJAR CON UN PERRO EN EL COCHE

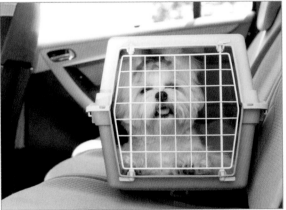

Sea cual sea la duración del viaje, lo prioritario es la seguridad. El animal siempre debe ir en el asiento trasero o en el espacio posterior sujeto con cinturón de seguridad, o metido en una caseta portátil o una jaula de viaje. Las rejillas de separación son muy útiles cuando el animal se pone nervioso en los recorridos e intenta saltar al asiento delantero.

Hay que asegurarse de que el perro haya hecho sus necesidades antes de subir al coche y llevar agua fresca para que calme su sed. También conviene dejar las ventanillas del vehículo un poco abiertas para evitar los mareos.

Si el viaje es largo, habrá que parar cada dos horas aproximadamente para que haga ejercicio, beba y coma un poco, aunque tampoco hay que darle mucho alimento. Rodearlo de algunos de sus juguetes preferidos puede ayudar a que soporte mejor los desplazamientos. Y, por supuesto, nunca deje al perro dentro un coche aparcado al sol.

UN PERRO PARA

CADA DUEÑO

LA ELECCIÓN DE LA RAZA

Una vez que se ha tomado la decisión de tener un perro y sabiendo que será nuestra responsabilidad durante toda su vida, habrá que preguntarse para qué se quiere exactamente: si es como compañía, de protección o para una familia con niños. La mejor forma de garantizar una buena convivencia es informándose bien sobre las características de las razas para elegir la que, en principio, se adapte mejor a nuestro estilo de vida.

PREGUNTAS IMPRESCINDIBLES QUE DEBES HACERTE ANTES DE ELEGIR UN PERRO

- ¿Es la primera vez que convivo con un perro?
- ¿En qué tipo de casa vivo (apartamento, piso amplio, casa con jardín...)?
- ¿De cuánto tiempo libre dispongo y qué me gusta hacer en esas ocasiones?
- ¿Vivo solo, en pareja o con niños?
- ¿Alguien de la familia es alérgico al pelo de los perros?
- ¿Puedo dedicar tiempo a su adiestramiento?
- ¿Cada cuánto tiempo estoy dispuesto a cepillar y bañar al perro?
- ¿Me disgustan los ladridos o los aullidos?

El aspecto es nuestra carta de presentación. Lo mismo ocurre con los perros, pero no debemos dejar que nuestro particular concepto de belleza se convierta en el primer criterio que guíe la elección. Por muy guapo que nos parezca un perro, ese entusiasmo se enfriará rápidamente cuando empiecen a surgir los inconvenientes. Hay razas que no son apropiadas para vivir en apartamentos, otras que tienen la costumbre de escarbar en el jardín, unas que requieren mucho ejercicio o cepillado, o son de salud delicada, otras que comen mucho debido a su gran tamaño o soportan mal la compañía de los niños. Todos esos factores deben tenerse en cuenta a la hora de la elección.

Una vez decidida la raza, el siguiente aspecto que se debe valorar es si se quiere comprar el perro a un criador autorizado o adoptar alguno de un refugio. En el primer caso será más fácil conocer las características que definen a la raza elegida y valorar si se adecúan a nuestro estilo de vida. En el segundo caso será mucho más difícil prever su comportamiento. Por supuesto, esto no quiere decir que en un centro de acogida no se pueda encontrar una mascota leal y cariñosa que nos proporcione muchas alegrías, además del hecho indudable de saber que estamos ofreciendo una nueva oportunidad a ese perro para que tenga una vida feliz.

Otro punto a tener en cuenta es la edad del animal: los cachorros son simpáticos y adorables, pero requieren mucha paciencia y entrenamiento para educarlos y que adquieran buenas costumbres. También conllevan, generalmente, costes adicionales, ya que se necesitará completar su calendario de vacunación inicial e inscribirlo e identificarlo en el registro. Por otra parte, si el perro ya es adulto, será más difícil acostumbrarlo a nuestros hábitos (por lo que no es muy conveniente para un propietario novato), aunque su temperamento será más tranquilo y su necesidad de juego menor que en el caso del cachorro. Incluso un perro sénior puede darnos muchas alegrías si estamos dispuestos a atender sus necesidades de salud. Independientemente de su edad, antes de comprar o adoptar un perro hay que comprobar que no cojee ni muestre dificultad para moverse y que tampoco presente signos de diarrea o mucosidad en la nariz o en los ojos.

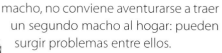

¡ME QUEDO CON UN CACHORRO!

En cuanto a si elegir un macho o una hembra, no existen unas reglas que sirvan de guía infalible. Por lo general, las hembras son más tranquilas y aprenden con mayor facilidad, además de tener un tamaño algo menor que los machos, pero hay que contar con que tienen el celo periódicamente. Por su parte, los machos suelen ser más dominantes y territoriales. Por este motivo, si ya tenemos un perro y es macho, no conviene aventurarse a traer un segundo macho al hogar: pueden surgir problemas entre ellos.

- Hay que asegurarse de que tiene entre ocho y diez semanas, ya que mientras permanece con su madre y sus hermanos, aprende a comportarse y a socializar.
- Los de carácter más fuerte pueden plantear problemas de dominancia, pero los asustadizos también pueden ser problemáticos. Lo que nunca debe mostrarse es apático.
- Se debe comprobar que las vacunaciones y desparasitaciones están al día.

LA LLEGADA A CASA

Acoger a un nuevo perro en nuestro hogar, sea adulto o cachorro, es todo un acontecimiento que generará emoción y alegría, pero que también requirá de una cierta planificación: desde contar con los utensilios necesarios para su alimentación, descanso, paseo y juego hasta la preparación del coche para transportarlo con seguridad. ¡Comienza la aventura!

Antes de que el perro llegue a casa es conveniente realizar una serie de gestiones que permitan dedicar más atención al nuevo miembro de la familia. Por ejemplo, informarse de los trámites administrativos que haya que realizar o del veterinario más cercano al que acudir para que vigile la salud del perro y lo identifique con el microchip obligatorio. Lo siguiente será adquirir los artículos básicos imprescindibles (ver la lista) y preparar la casa para convertirla en un entorno seguro. Eliminar cualquier objeto que pueda resultar peligroso y colocar protecciones para impedir el paso a las escaleras u otras zonas vedadas son precauciones válidas para perros de cualquier edad, pero resultan imprescindibles cuando se trata de un cachorro, siempre inquieto y dispuesto a investigar.

EL PERRO LLEGA A CASA

Por muy emocionados que estemos con la llegada del nuevo perro, debemos evitar atosigarlo, ya que llegará cansado y algo aturdido por el cambio de ambiente y el viaje en coche. Si se trata de un cachorro, es probable que necesite dormir un día entero para recuperarse de la separación de su madre y hermanos y adaptarse a la nueva situación.

Hay que presentar al perro a los miembros de su nueva familia humana, entre todos elegirle un nombre y utilizarlo cada vez que se interactúe con él. El perro aprenderá enseguida a reconocerlo y acudirá cuando lo oiga.

Si hay niños en la familia, se debe evitar que cojan en brazos al recién llegado, pues este aún puede sentirse inseguro y reaccionar mal. Si en la casa viven otros animales domésticos, hay que presentárselos, siempre con las debidas precauciones ya que nunca se sabe cómo recibirán al nuevo inquilino.

Los primeros días conviene que el comedero se ubique en un rincón tranquilo de la cocina o del cuarto de estar para que el animal se sienta acompañado. En el caso de los cachorros, que son movidos y muy curiosos, es preferible elegir un comedero algo pesado para evitar que lo vuelquen.

Durante la primera semana es aconsejable acudir al veterinario para que lleve a cabo un chequeo completo al perro.

¿DÓNDE DEBE DORMIR UN CACHORRO?

Al principio no es necesario comprarle una cama especial, ya que el animal crecerá rápido y se le quedará pequeña en poco tiempo. Un cojín amplio o una simple caja de cartón acolchada con una manta o una toalla le bastará. Es importante que haya hecho sus necesidades y comido lo suficiente antes de acostarlo (con la tripa llena cogerá mejor el sueño).

La cama improvisada para el cachorro se puede colocar en el dormitorio del dueño o en algún lugar tranquilo de la casa. Lo más probable es que el cachorro llore o gimotee durante los primeros días, porque se sentirá desprotegido, pero no hay que caer en el error de hacerle caso inmediatamente ni de meterlo en la cama propia, pues enseguida aprenderá el truco y lo utilizará cada vez que quiera llamar la atención.

Para que el trauma de la separación sea menor, puede resultar eficaz dejar cerca de su cama algunos juguetes o una camiseta o trapo impregnado con el olor del dueño. Algunos aconsejan dejar encendida alguna lamparilla (como las de los bebés)

ARTÍCULOS BÁSICOS IMPRESCINDIBLES

- Dos recipientes, uno para la comida y otro para el agua.

- Comida del tipo que aconseje el veterinario. Durante la primera semana conviene que sea la misma que le daba el criador o que la que tomaba en el refugio.

- Un collar y dos correas (una corta y fuerte para salir de paseo y otra larga y flexible —puede ser enrollable— para enseñarle a responder órdenes).

- Una cama apropiada para el tamaño del perro, acolchada y lavable. También alguna manta o un cojín.

- Una caseta portátil o un corralito para interiores si se trata de un cachorro, pues ese refugio le ofrece seguridad.

- Artículos básicos de aseo.

- Algunos juguetes variados, no peligrosos, estimulantes y divertidos.

o colocar junto al cachorro un reloj despertador de cuerda para que el tictac le recuerde el sonido de los latidos del corazón de su madre. ¿Por qué no probar? Desde luego, las primeras noches no serán fáciles y el cachorro seguirá probando la táctica de llorar. Pero repetimos: ¡no hay que ceder!

Es posible que al comprobar que no se acude a su llamada, el cachorro se enfade y haga algún destrozo intencionado. Por eso no conviene que duerma en el salón, ya que peligrarán las patas de los muebles y las cortinas. Si se lo deja en la cocina, hay que asegurarse de que no queden restos de comida a su alcance y de que el cubo de la basura esté bien cerrado. Dejar algunas hojas de periódico a su alrededor puede ser una buena solución para que desahogue su frustración. Y desde luego no hay que regañarlo a la mañana siguiente, pues, si se hace, aprenderá que con su travesura consigue captar la atención de su dueño. Aunque esto pueda hacer pensar que el objetivo de noches en paz es inalcanzable, lo cierto es que con paciencia y sin ceder a sus llantos, por mucha lástima que produzcan, el cachorro se acostumbrará a dormir solo, pues poco a poco se irá sintiendo más seguro en su nuevo hogar.

¿Y SI EN LA CASA YA HAY OTRO PERRO?

Esta es una situación delicada, ya que el perro que llegó primero siente que tanto la casa como la familia son suyas y puede no aceptar bien la aparición de un compañero. El primer consejo es que si el perro que tenemos ha mostrado ya algún tipo de conducta agresiva con otros animales, no intentemos meter en casa un nuevo perro (o hagámoslo contando con la ayuda de un educador canino).

El primer encuentro entre los animales debe producirse en un territorio neutral, mejor al aire libre y cada uno con su correa. Lo ideal es hacerse acompañar de una segunda persona para que cada una lleve a un

perro. Al principio es aconsejable mantenerlos separados a una distancia de unos dos metros y darle a cada uno un juguete que pertenezca al otro, pues así van reconociendo sus respectivos olores. Poco a poco, hay que permitirles que se vayan acercando, que se huelan y se conozcan. Si comienzan a jugar entre ellos, se los puede soltar. Cuando uno de los animales es cachorro, lo más habitual es que se someta al adulto dejando expuesto el vientre. No conviene intervenir en su juego, excepto si se comprueba que la tensión va en aumento o que los animales están a punto de pelearse (entonces habrá que ponerles de nuevo la correa y separarlos, pero sin dar tirones, solo atrayendo su atención).

Ese primer paseo compartido debe ser corto y el preludio del regreso a casa. Si todo ha ido bien, hay que dejar entrar primero al perro veterano, sin correa, y permitir que el nuevo vaya explorando habitación por habitación, sin dejarlo suelto hasta comprobar que el primer perro se siente cómodo. Durante las primeras semanas conviene estar atento a sus reacciones y no dejarlos juntos si están solos.

Para evitar peleas, es importante haberse provisto con antelación de un segundo juego de comederos, una cama nueva e incluso juguetes distintos. En cuanto a la rutina de juegos, paseos y comidas, hay que seguir siempre la que se tenía establecida con el primer perro.

APRENDIENDO A CONOCEROS

Un buen adiestramiento aplicado con constancia y mucha paciencia es la clave para que la convivencia con el nuevo habitante de la casa sea agradable y placentera. En la labor de adiestramiento debe implicarse toda la familia, que estará en sintonía para que el perro no reciba órdenes o estímulos contradictorios.

El primer punto a abordar es el control de los esfínteres. Si el perro es adulto, ese aprendizaje ya lo habrá realizado. Ocasionalmente, puede producirse un accidente, pero si se repite con frecuencia, será necesario valorar si es por algún cambio en su entorno, como puede ser la llegada de un nuevo perro, o si está pasando solo más tiempo del acostumbrado. Si los problemas persisten, hay que consultar al veterinario.

En caso de que el perro sea un cachorro, debe comenzar el aprendizaje desde el primer día en la casa. Las primeras noches conviene poner unos periódicos al lado de su cama si no podemos sacarlo con mucha frecuencia. Poco a poco, hay que ir desplazando los periódicos hacia la puerta de la casa hasta que acaben en el exterior. Durante el día conviene vigilarlo, y cuando se disponga a hacer sus necesidades, sacarlo al lugar elegido y felicitarlo o premiarlo con una golosina por haberlo conseguido. Repitiendo esta rutina con frecuencia y durante varios días, el cachorro aprenderá. Hay que tener en cuenta que los momentos más «peligrosos» son después de haber comido, cuando se despierta o tras los juegos. Es decir, esos momentos son los mejores para sacarlo.

ANSIEDAD POR SEPARACIÓN

En general, ningún perro lleva bien lo de quedarse solo mucho tiempo, aunque algunas razas soportan la soledad mejor que otras. En cualquier caso, este es otro importante aspecto del aprendizaje que se debe abordar. Y lo mejor, como en todo, es empezar cuanto antes.

Hay varias técnicas para intentar modificar esas conductas. La más eficaz es un entrenamiento temprano: aproximadamente a los dos días de estar el perro nuevo en casa, se lo deja solo en una habitación (incluso se puede salir de casa durante un tiempo no superior a 15 minutos). Tanto la entrada como la salida debe hacerse sin prestarle atención, ni acariciarlo ni darle una golosina, ya que el animal debe asumir esa situación como algo normal. Por supuesto, el perro llorará o ladrará al sentirse solo, pero no hay que ablandarse. Únicamente se volverá a entrar a casa si el animal no cesa con sus llantos, pero sin prestarle atención ni hablarle. Al cabo de una media hora se vuelve a repetir la salida. Este ejercicio hay que practicarlo durante varios días, alargando cada vez un poco más el tiempo de ausencia. Es una rutina para restablecer la confianza en una situación novedosa y estresante para el perro.

Aumentar las sesiones de juego y ejercicio físico puede ayudar en ese entrenamiento, así como dejar algunos de sus juguetes preferidos o un kong dispensador de comida cerca de su lugar de descanso. Otra posibilidad es crear un ambiente parecido al que disfruta el perro cuando no está solo (dejando alguna luz encendida, música o la televisión en funcionamiento).

Finalmente, si el veterinario lo aconseja, se puede iniciar un tratamiento con fármacos que, si bien no eliminan el problema de la ansiedad, sí reducen sus efectos.

De todos modos, hay que tener presente que corregir los problemas de ansiedad por separación del perro no va a ser una tarea fácil en la mayoría de los casos. Se debe tener constancia para aplicar las pautas y los consejos dados por los especialistas y ser pacientes, porque lograr el éxito en estos casos es más una carrera de fondo que de velocidad. Pero con cariño y buena disposición, es posible lograrlo.

ERRORES QUE SE DEBEN EVITAR

- Saludar al perro cuando se encuentra sobreexcitado.
- Castigarlo por conductas provocadas por el estrés.
- Dejarlo solo en una habitación muy pequeña o en una jaula.
- Usar un collar antiladridos.
- Abusar del tratamiento farmacológico.
- Añadir un nuevo perro para que le haga compañía: lo más probable es que el segundo animal copie la conducta del primero.

RAZAS DE PERROS

En el mundo están reconocidas más de 400 razas de perros, aunque existen muchas más que no cuentan con reconocimiento oficial.

Ya hemos visto que la definición de raza es, sin duda, polémica para este tipo de animales y, además, los criterios para agruparlas varían de unos organismos a otros.

Os recordamos que en este libro vamos a seguir la clasificación que establece la Federación Cinológica Internacional (FCI), que es la organización más grande encargada de la selección y estandarización de las razas caninas, así como de las normas para su cría. La FCI reúne las razas en diez grupos según la función principal que desempeñan los perros y sus características más destacadas. Las agrupa del siguiente modo:

Grupo 1. Perros pastores y boyeros (excepto suizos)

Grupo 2. Pinschers, schnauzers, molosoides, de montaña y boyeros suizos

Grupo 3. Terriers

Grupo 4. Teckels

Grupo 5. Tipo spitz y primitivo

Grupo 6. Tipo sabueso, de rastreo y similares

Grupo 7. De muestra

Grupo 8. Cobradores y levantadores de caza, perros de agua

Grupo 9. De compañía

Grupo 10. Lebreles

En las páginas siguientes se explicarán las características de cada grupo y de algunas de las razas más representativas.

PERROS PASTORES Y BOYEROS NO SUIZOS

En este grupo se incluyen las razas de perros que en un principio se desarrollaron para ayudar al ser humano con los rebaños de animales domésticos. Algunas de esas razas se especializaron en la guarda y protección del ganado ante el ataque de cualquier depredador, como es el caso del pastor alemán, y otras han sido utilizadas para guiar y controlar los rebaños durante los desplazamientos, como el puli húngaro.

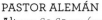

PASTOR ALEMÁN
Altura: 60-65 cm (macho) y 55-60 cm (hembra).
Aptitudes: guarda, defensa, rescate, lazarillo. Es obediente y cariñoso con los niños.

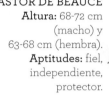

PASTOR DE BEAUCE
Altura: 68-72 cm (macho) y 63-68 cm (hembra).
Aptitudes: fiel, independiente, protector.

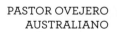

PASTOR DE BRIE
Altura: 62-69 cm (macho) y 56-64 cm (hembra).
Aptitudes: obediente, cariñoso con los niños.

PASTOR OVEJERO AUSTRALIANO
Altura: 51-58 cm (macho) y 46-54 cm (hembra).
Aptitudes: inteligente, cariñoso. Necesita mucho ejercicio.

BORDER COLLIE
Altura: 43-50 cm (macho) y 40-45 cm (hembra).
Aptitudes: inteligente, dócil, muy adiestrable. No es apto para vivir en la ciudad.

COLLIE DE PELO LARGO
Altura: 55-60 cm (macho) y 50-54 cm (hembra).
Aptitudes: guarda, lazarillo, salvamento en agua. Es inteligente, protector, desconfiado con los extraños.

PULI HÚNGARO
Altura: alrededor de 40 cm.
Aptitudes: pastor,
salvamento en agua.

COLLIE BARBUDO
Altura: entre 51 y 56 cm.
Aptitudes: pastor y compañía.
Muy cariñoso con los niños.

BOYERO DE FLANDES
Altura: alrededor de 68 cm.
Aptitudes: guarda, puede vivir en
el exterior y en familia.

CORGI GALÉS DE PEMBROKE
Altura: 25-30 cm.
Aptitudes: vivo, desconfiado con
extraños, muy cariñoso en familia.
Necesita dormir en el interior.

BOBTAIL
Altura: unos 60 cm.
Aptitudes: guarda, compañía
y familiar.

PASTOR BELGA MALINOIS
Altura: entre 56 y 66 cm.
Aptitudes: guarda, pastor.
Cariñoso y fiel.

KELPIE AUSTRALIANO
Altura: 45-50 cm (machos) y
43-48 cm (hembras).
Aptitudes: rescate. Tiene mucha energía
y es extrovertido y familiar.

PASTOR ALEMÁN

Si hay una raza de perros que pueda considerarse, por excelencia, la reina de todas, es la del pastor alemán. Surgió alrededor del año 1884 gracias a un estricto proceso de selección llevado a cabo por el capitán de caballería Max von Stephanitz, cuyo objetivo era lograr un perro pastor que se sometiese incondicionalmente a su amo y lo obedeciese. ¡Y lo logró!

DATOS BÁSICOS

ORIGEN: Alemania
ALTURA: 60-65 cm los machos y 55-60 cm las hembras
PESO: entre 35 y 40 kg
LONGEVIDAD: 9-13 años

Si se busca un perro inteligente y animado, obediente, siempre alerta, absolutamente fiel y muy familiar, no hay mejor elección que un pastor alemán. Eso sí, es importante disponer de tiempo para dedicar a su adiestramiento, ya que se trata de un animal deseoso de aprender y muy rápido para entender, que responde muy bien a la voz y necesita un contacto muy estrecho con la persona a la que reconocerá como amo.

Tan importante como el tiempo es la calidad del adiestramiento, ya que el pastor alemán suele tener un carácter bastante protector y algo dominante. Si se quieren evitar problemas de agresividad, es imprescindible una correcta educación.

Otro requisito imprescindible es dedicar tiempo para mantenerlo en forma tanto física como mentalmente, ya que es un animal vigoroso al que le gusta trabajar y enfrentarse a retos de agilidad, defensa y búsqueda de objetos. El ejercicio es especialmente importante cuando el perro está en la etapa de crecimiento, pues le permite desarrollar correctamente la musculatura.

Con muchas aptitudes

Aunque en algunos lugares aún se emplean como perros pastores y desempeñan esa función con gran éxito, son más conocidos en la actualidad por sus labores de rescate de personas tras un desastre natural, como ayudantes de la policía para detectar drogas y otras sustancias, como perros de vigilancia y defensa, de guía para invidentes y, por supuesto, como animales de compañía. Y es que a todas las aptitudes que ya se han nombrado hay que añadir que son perros cariñosos con los niños y las personas que integran el núcleo familiar, no tienen tendencia a escaparse y se adaptan bien a vivir en el exterior. Además, sociabilizan bien con otros perros.

Un pelaje de tres tipos

El cuerpo robusto y bien musculado en los ejemplares de esta raza puede presentar tres tipos de manto: de pelo fuerte y liso (duro), de pelo liso y largo (duro-largo) y de pelo largo y ondulado, aunque esta última variedad no es la más aceptada.

En cuanto al color, puede variar del negro al gris metálico o al gris ceniza, o bien tener cualquiera de esos colores combinados con manchas regulares de tonalidad marrón (castaño o marrón amarillento). Son muy comunes los ejemplares con la capa superior de color negro. La zona inferior de las patas puede ser de color amarillo, rojizo, marrón o gris claro. La trufa siempre debe ser negra y los ojos tienen que aparecer cubiertos de una máscara también negra.

Hay pastores alemanes con el pelaje completamente blanco y con los ojos, la nariz, los labios y las almohadillas de color negro, pero este tipo de ejemplares no están admitidos por la mayoría de las federaciones y clubes dedicados a esta raza.

DATOS ESPECÍFICOS

CARÁCTER Y SOCIABILIDAD: inteligente, equilibrado, valiente, leal, obediente, adiestrable, amistoso con los niños y tolerante con otros animales.

APTITUDES: pastor, de salvamento, policía, perro guía, guarda y defensa.

ALIMENTO Y EJERCICIO: unos 500-700 g diarios de carne con arroz, verduras y pan o un pienso de calidad. Es un animal muy activo, que necesita 1-3 horas de ejercicio diario.

CUIDADOS DEL MANTO: cepillado diario.

SALUD: el mayor riesgo es la displasia de cadera.

REQUERIMIENTOS ESPECIALES: es muy sensible al calor, por lo que siempre debe disponer de un lugar fresco y agua abundante.

OJOS: almendrados, de color oscuro y no salientes.

OREJAS: puntiagudas en el extremo y anchas en la base, erectas, con el pabellón auricular hacia delante.

CABEZA: proporcionada al cuerpo, frente levemente arqueada y maxilar superior e inferior muy desarrollados.

COLA: espesa de pelo, colgante en reposo, llega al menos hasta el corvejón.

DATOS

ORIGEN: Francia
ALTURA: 68-72 cm los machos y
63-68 cm las hembras
PESO: en torno a 30-35 kg
LONGEVIDAD: 10-12 años

CARÁCTER Y SOCIABILIDAD:
inteligente, valiente, fiel,
protector, manso (con
adiestramiento), desconfiado con
extraños.

APTITUDES: pastor, de guarda
y defensa.

ALIMENTO Y EJERCICIO:
conviene dividir la ración diaria
en dos comidas y proporcionarle
suficiente agua fresca. Necesita
unas 2 horas de ejercicio diario.

CUIDADOS DEL MANTO:
cepillado semanal y baño cada
3-4 meses.

SALUD: tendencia a la dilatación
gástrica y la hinchazón, por lo
que hay que evitar que coma
o beba muy rápido.

REQUERIMIENTOS ESPECIALES:
necesita que se le corten las uñas
1 vez al mes,
sin olvidar
las de los
espolones.

PASTOR DE BEAUCE

También conocida como beauceron, esta raza de pastoreo se caracterizaba por ser valiente y agresiva cuando se trataba de defender el ganado. Con la selección que se inició a finales del siglo XIX se han conseguido ejemplares más mansos y apropiados para la convivencia como animal de compañía.

Su aspecto es poderoso, robusto y resistente, musculoso y bien proporcionado. A la vez, es inteligente, valiente y extremadamente fiel a su dueño. Sin embargo, puede resultar agresivo, por lo que el adiestramiento resulta indispensable. Con una educación adecuada puede ser un animal equilibrado, manso con la familia y paciente con los niños. No suele tolerar bien a los extraños, por lo que resulta un magnífico perro de guarda y defensa.

Tiene doble pelaje, corto y áspero al tacto, de una coloración exterior variable (negro, gris o negro y fuego), con manchas de color fuego en las patas que semejan calcetines rojos. No es un animal que requiera cuidados de aseo exhaustivos, pero sí es exigente en cuanto al ejercicio tanto físico como mental. Si no se le proporciona esa actividad, tiende a aburrirse y adoptar un comportamiento destructivo. Por sus elevadas necesidades de ejercicio y adiestramiento, no es una raza adecuada para dueños principiantes ni para familias que nunca hayan tenido un perro en casa.

OREJAS: altas, erguidas si se han cortado; si no, semierguidas o colgantes.

CABEZA: plana o ligeramente redondeada, trufa negra y labios pigmentados.

COLA: moderadamente larga, dirigida hacia abajo formando una J.

OJOS: almendrados, de tonalidad oscura y mirada inteligente.

PASTOR DE BRIE

El briard, nombre por el que también se conoce al pastor de Brie, no tiene nada que envidiar en comportamiento al «hermano malo» de la familia, el beauceron, pues a pesar de su aspecto bonachón, sabe hacerse el despistado cuando de acatar órdenes se trata. ¡Las apariencias engañan!

Es difícil resistirse a la apariencia robusta, musculosa y equilibrada de este perro de gran tamaño, que con su mirada inteligente y su atractivo pelaje parece el compañero perfecto, amable y bonachón. Sin duda es muy bonito y también generoso y bueno…, siempre que se le haya adiestrado correctamente, ya que su bravura y valentía han de encauzarse para que no llegue a mostrarse agresivo y excesivamente protector. En esa educación hay que emplear mucha paciencia, cariño y firmeza, porque es un animal que sabe desentenderse de las órdenes cuando no le gustan.

Eso sí, cuando está bien educado y adiestrado, se puede disfrutar de él como un excelente animal de compañía que vive feliz formando parte de la familia. Con los niños se lleva bien y le encanta el juego, pero su gran tamaño y su exceso de energía pueden dar lugar a algún accidente si no se vigila. Con los extraños se muestra desconfiado y no suele congeniar bien con otros perros. Su gran energía y vitalidad exige que se le proporcione bastante ejercicio físico a diario.

OREJAS: de inserción alta en la cabeza, cortas y planas.

OJOS: de forma ovalada, color oscuro y mirada inteligente.

COLA: larga, con el extremo en forma de gancho cuando el animal está en reposo.

CABEZA: fuerte y larga, cubierta de pelo que forma barba, bigotes y cejas. Cuello musculoso.

DATOS

ORIGEN: Francia
ALTURA: 62-69 cm los machos y 56-64 cm las hembras
PESO: alrededor de 30 kg
LONGEVIDAD: 10-12 años

CARÁCTER Y SOCIABILIDAD: inteligente, protector, territorial, duro, atento, valiente y muy enérgico.

APTITUDES: pastor, de guarda, defensa, policía y de compañía.

ALIMENTO Y EJERCICIO: al ser tan activo, necesita un pienso de calidad o una alimentación diaria a base de 350 g de carne, arroz hervido y verduras. Necesita más de 2 horas de ejercicio diario.

CUIDADOS DEL MANTO: cepillado 2-3 veces por semana con cepillo y peine para evitar los enredos. No esquilarlo nunca.

SALUD: en general, buena.

REQUERIMIENTOS ESPECIALES: limpiar el interior de las orejas y eliminar el exceso de pelo.

PASTOR BELGA MALINOIS

Esta raza no es apropiada para dueños inexpertos, miedosos ni inseguros, ya que, a pesar de ser un animal cariñoso y fiel, también muestra un carácter muy temperamental y sobreprotector, por lo que requiere de un entrenamiento adecuado para reconducir esa tendencia y que su instinto solo se ponga en alerta cuando la ocasión lo requiera. Además, necesita paseos largos y enérgicos.

DATOS BÁSICOS

ORIGEN: Bélgica

ALTURA: 61-66 los machos y 56-61 cm las hembras

PESO: entre 27,5 y 28,5 kg

LONGEVIDAD: 12-15 años

Se trata de una raza que aúna formas muy elegantes, bellas y proporcionadas con una gran fortaleza. Por su aspecto puede recordar al pastor alemán, pero es algo más pequeño, tiene los huesos más largos y ligeros y la forma de la cabeza es más fina. También supera a aquel tanto en velocidad como en agilidad y capacidad de salto.

La cara del malinois es de tonalidad gris ceniza. Su manto es corto y liso, de color beis, marrón claro o leonado salpicado de pelos negros. Debajo tiene otra capa de pelo más densa, lo que le permite vivir al aire libre y soportar temperaturas bajas. El cuidado de su pelaje es muy sencillo, ya que basta con un cepillado semanal. En cambio, hay que prestar especial atención al control de los ojos, los oídos, los dientes y las encías, así como cortarle las uñas con regularidad.

Es un perfecto perro guardián y de defensa, siempre alerta, pero con un carácter muy fuerte y protector, por lo que requiere de un entrenamiento firme, paciente y muy constante para que aprenda cuándo debe dar rienda suelta a sus instintos y cuándo no. Al mismo tiempo, es un animal muy sensible e intuitivo, por lo que debe manejarse con tacto y suavidad, sin insistir demasiado en un determinado ejercicio de aprendizaje si el animal no se encuentra receptivo.

También precisa más ejercicio físico que otros perros de sus características. ¡Olvídate del paseo diario por el barrio! La gran capacidad de trabajo del pastor belga le exige caminar, correr y saltar para mantenerse bien físicamente y equilibrado mentalmente. Por eso, necesita unos dueños muy activos que estén dispuestos a dedicarle mucho tiempo y que busquen la perfecta combinación entre actividad y socialización para que los animales se muestren tranquilos, familiares y puedan convertirse en compañeros perfectos y muy cariñosos.

Otras tres variedades

Además del malinois, hay otras tres variedades de pastores belgas, que reciben los nombres de laekenois, tervueren y groenendael. Aunque similares, cada una de ellas tiene ciertas peculiaridades en cuanto a su carácter. La groenendael tiene el pelo lacio, largo y negro, más abundante en el cuello. Es igual de resistente, valeroso e inteligente que el malinois, pero su carácter resulta más dócil,

Las cuatro variedades de pastores belgas. De izquierda a derecha: malinois, laekenois, tervueren y groenendael.

por lo que se adapta mejor a la vida en familia y a la convivencia con los niños (aunque escogerá un «único amo» al que obedecer).

Por su parte, la variedad tervueren tiene un aspecto similar a la anterior, también de pelo largo, pero leonado. Es el más robusto de los pastores belgas y reúne sus mismas cualidades. Por último, la variedad laekenois, aunque es la más antigua, es la menos extendida. Sus ejemplares se diferencian por su pelo duro y áspero de color leonado ceniciento.

CABEZA: alargada y recta, con el hocico fino, de color negro y una longitud igual o ligeramente superior a la mitad de la de la cabeza.

DATOS ESPECÍFICOS

CARÁCTER Y SOCIABILIDAD: enérgico, muy protector, a veces algo agresivo, inteligente, con gran capacidad de aprendizaje, sensible, muy cariñoso y fiel.

APTITUDES: pastor, de guarda y defensa, búsqueda y rescate.

ALIMENTO Y EJERCICIO: alimentación completa y equilibrada, rica en proteínas. Es un animal muy activo que necesita como mínimo 2 horas diarias de ejercicio.

CUIDADOS DEL MANTO: cepillado 1-2 veces a la semana.

SALUD: el mayor riesgo es la displasia de cadera.

REQUERIMIENTOS ESPECIALES: puede necesitar entrenamiento para convivir con niños y otros perros o mascotas.

COLA: larga y generalmente más oscura que el manto, a veces con la punta negra.

OREJAS: puntiagudas en el extremo y anchas en la base, erectas, con el pabellón auricular hacia delante.

OJOS: de color oscuro y no salientes. Conviene lavarlos con suero fisiológico o manzanilla tibia.

DATOS

ORIGEN: Gran Bretaña
ALTURA: 60 cm los machos
y las hembras
PESO: unos 29 kg
LONGEVIDAD: 10-12 años

CARÁCTER Y SOCIABILIDAD:
muy amistoso y juguetón,
inteligente y familiar.

APTITUDES: pastor, de guarda,
de compañía.

ALIMENTO Y EJERCICIO:
conviene darle de comer varias
veces al día y en pequeñas
cantidades. Necesita pasear
1-2 horas al día.

CUIDADOS DEL MANTO:
diario.

SALUD: puede padecer
problemas oculares
hereditarios y displasia de
cadera.

**REQUERIMIENTOS
ESPECIALES:** necesita mucho
aseo; lavado continuo de las
puntas del pelo. Después de
cada salida, revisar que no
quede ningún objeto extraño
en el pelo del cuerpo
y en las almohadillas.

COLA: muchos
ejemplares nacen ya sin
cola. En caso de tenerla,
solo se les corta si son
ejemplares de exhibición.

BOBTAIL

Esta raza se originó en Gran Bretaña a mediados del
siglo XVIII y se empleaba para el pastoreo de rebaños.
Su nombre, bobtail (*bob*: «cortar», *tail*: «cola») deriva de
una costumbre que se implantó en la época: cortarle el
rabo, ya que así era reconocido como perro de trabajo y
su dueño no estaba obligado a pagar impuestos por él
(a los ejemplares «de lujo» se les dejaba la cola larga).

También llamado antiguo perro pastor inglés, se trata de un animal
musculoso y robusto. De aspecto inconfundible por el pelaje abundante, largo y lanoso que le cubre todo el cuerpo, incluso los ojos (a
pesar de ello, tiene muy buena vista), su coloración abarca todas las
tonalidades del gris, gris azulado y azul mirlo (negro jaspeado con base
gris) con o sin manchas blancas. Su robustez no impide que camine
con un movimiento flexible y elástico.

Muy familiar

El carácter alegre, cariñoso y extrovertido del bobtail, unido a su docilidad
y obediencia, lo convierte en un perro excelente para la vida en familia,
especialmente si hay niños, pues suele unirse a sus juegos con gran entusiasmo; aunque hay que vigilar que no se ponga muy nervioso, porque se trata de un animal corpulento y vigoroso.
También es un magnífico perro guardián, con
un ladrido grave que ahuyenta a cualquiera.

CABEZA: amplia,
voluminosa y de
forma casi cuadrada,
con una trufa grande
de color negro
brillante.

OJOS:
generalmente
de color oscuro,
aunque hay
ejemplares de ojos
azules o con un ojo
de cada color.

OREJAS: pequeñas y
adheridas a la cabeza,
cubiertas de pelo.

BOYERO DE FLANDES

Se trata de un perro grande, robusto y de aspecto poderoso. Su temperamento es muy estable, amistoso y nada agresivo, lo que lo convierte en una buena mascota familiar. Aprende con extraordinaria facilidad, pero también precisa de estímulos constantes para no aburrirse y adoptar problemas de conducta.

Es un perro grande con el cuerpo cubierto de una densa capa de pelo exterior duro, ondulado sin llegar a ser rizado y muy tupido (de 6 cm de largo). Su coloración va desde el marrón claro o leonado hasta el negro, pasando por el marrón chocolate y diversos tonos de gris. Debajo tiene otra capa de pelo muy cerrada y densa. Estas características le permiten dormir en el exterior aunque la temperatura sea baja.

El pelo se debe recortar unas dos o tres veces al año durante las temporadas de muda para eliminar el pelaje antiguo. También conviene quitar el exceso de pelo que crezca dentro de las orejas y entre las uñas. Aunque, como ya se ha indicado, el boyero de Flandes tiene un temperamento muy estable, requiere de un adiestramiento suave para que sepa quién es el jefe. Como es un perro muy inteligente, su educación será rápida y duradera: lo que aprenda no lo olvidará nunca.

DATOS

ORIGEN: Francia - Bélgica
ALTURA: 60-69 cm los machos y 59-65 cm las hembras
PESO: 35-40 kg los machos y 27-35 kg las hembras
LONGEVIDAD: 10-12 años

CARÁCTER Y SOCIABILIDAD: bueno, de carácter estable, cariñoso y muy indicado para vivir en familia.

APTITUDES: pastor, de guarda y defensa, rescate y compañía.

ALIMENTO Y EJERCICIO: repartir la ración diaria en varias tomas no muy abundantes. Necesita pasear más de 2 horas al día.

CUIDADOS DEL MANTO: requiere de cepillado unas 3 veces a la semana y hay que vigilar que no se le enrede la capa inferior de pelo y también que no le queden restos de comida en la barba y el mostacho.

SALUD: en general, es una raza muy saludable.

REQUERIMIENTOS ESPECIALES: si no se le socializa bien desde muy joven, necesitará adiestramiento para convivir con otras mascotas e incluso con los niños.

CABEZA: maciza y de gran tamaño, con cejas tupidas, barba y mostacho. El morro es ancho y potente, con una trufa negra y alargada.

OREJAS: erguidas. Se le suelen recortar para darles forma triangular, aunque esta costumbre, afortunadamente, está cayendo en desuso.

OJOS: casi cubiertos por sus cejas. Hay que limpiarlos diariamente.

COLA: en los ejemplares de muestra se debe cortar para cumplir con los estándares.

DATOS

ORIGEN: Gran Bretaña
ALTURA: 43-50 cm los machos y
40-45 cm las hembras
PESO: 13-22 kg los machos y
13-18 kg las hembras
LONGEVIDAD: 12-15 años

CARÁCTER Y SOCIABILIDAD:
inteligente y equilibrado, ágil,
resistente y muy adiestrable.

APTITUDES: pastor, de guarda,
muy amistoso con los niños,
perro guía para los invidentes.

ALIMENTO Y EJERCICIO: pienso
rico en proteínas repartido en
un par de tomas diarias. Es un
animal muy enérgico que precisa
hacer mucho ejercicio.

CUIDADOS DEL MANTO: necesita
un cepillado semanal.

SALUD: puede padecer
problemas oculares hereditarios
y displasia de cadera.

REQUERIMIENTOS ESPECIALES:
es mordedor y
tiene tendencia
a huir y a
perseguir
coches.

BORDER COLLIE

Esta raza desciende del cruce entre los perros pastores
de renos que llegaron a Escocia durante las invasiones
vikingas y los pastores de Valée de origen polaco. Dice
la leyenda que el resultado fue un perro pastor cuya
mirada llegaba a hipnotizar los rebaños de bovinos,
a los que se imponía con facilidad.

Lo primero que debe tener en cuenta cualquier enamorado de esta
raza es que no se trata de un perro bien adaptado para vivir en la
ciudad y ejercer de mascota urbana, pues aunque congenia con los
niños, se adapta a la vida familiar, es alegre y muy vivaz, esas cualidades se atenúan considerablemente si se ve obligado a pasar los
días en un espacio reducido. Entonces, se convertirá en un animal
nervioso y con tendencia a hacer destrozos en la casa.

Hay dos variedades de border collie, una de abundante pelo duro y
áspero (de unos 8 cm de longitud) y otra de pelo liso (de 2,5 cm de
largo). En ambas, el color del manto varía entre el negro combinado con el blanco, que es más habitual, y el blanco combinado con
otros colores, como marrón, gris, azul mirlo y rojo. También existen
ejemplares tricolores (negro, marrón y blanco). Sus excelentes cualidades como perro de pastoreo lo convierten también en un
protector de la familia con la que convive, a la que considera
su responsabilidad, por lo que es un magnífico perro guardián,
alerta y ladrador ante cualquier situación anómala.

CABEZA: ancha,
con el hocico
fuerte y corto que
se estrecha hacia
el extremo. Trufa
generalmente
negra.

OREJAS: erguidas,
pero con las puntas
caídas, lo que le
aporta un aspecto
alegre y vivaz.

OJOS: de color
marrón o azul. En
ocasiones, con un
iris de cada color.

COLA:
moderadamente
larga y provista
de abundante
pelo, llega hasta
los corvejones.

COLLIE BARBUDO

El collie barbudo actual parece que procede de la combinación de dos antiguos perros pastores escoceses, uno de huesos ligeros y más pequeño que el que conocemos y otro de huesos más pesados y pelaje completamente negro. Hoy en día, la raza tiene un tamaño medio y un pelaje largo y lanoso que se divide de forma natural hacia los lados del cuerpo.

El carácter alegre, festivo y cariñoso de esta raza la convierte en una de las preferidas para vivir en familia e, incluso, para personas que viven solas. Se trata de un perro bueno y amable, siempre deseoso de aprender y al que le gusta estar rodeado de gente. Cuando está jugando, suele expresar su alegría con ladridos, algo que se debe tener en cuenta si no gustan los perros tan expresivos. Se lleva muy bien con los niños y no suele causar problemas con otros perros y mascotas domésticas. Puede mostrarse algo nervioso con los desconocidos y ladrarles, pero rápidamente cambia su actitud por otra más amistosa (a menos que se le indique lo contrario).

Se trata de un perro robusto, que soporta muy bien vivir en el exterior. A ello contribuye su doble capa de pelo. La exterior es lisa y de una textura áspera al tacto, mientras la interior es espesa y suave. El color del manto es muy variado: negro, leonado tirando a rojizo, color arena, gris azulado, gris pizarra y casi todas las tonalidades de gris, con o sin manchas blancas.

DATOS

ORIGEN: Gran Bretaña
ALTURA: 53-56 cm los machos y 51-53 cm las hembras
PESO: 18-28 kg
LONGEVIDAD: 15-20 años

CARÁCTER Y SOCIABILIDAD: amable, cariñoso, alegre, dócil, muy sociable y divertido.

APTITUDES: pastor y muy amistoso con los niños.

ALIMENTO Y EJERCICIO: alimento de calidad, ya sea húmedo o seco. Es un animal muy enérgico que precisa unas 2 horas diarias de paseo.

CUIDADOS DEL MANTO: cepillado y peinado como mínimo 3 veces por semana. Baño cada 1-2 meses.

SALUD: puede padecer trastornos oculares hereditarios y displasia de cadera y de codo.

REQUERIMIENTOS ESPECIALES: conviene estimularlo enseñándole trucos y juegos de inteligencia.

CABEZA: grande, con el morro alargado. Las mejillas y la barbilla están cubiertas de pelo largo que forma una peculiar barba.

COLA: larga, hacia abajo cuando está en reposo y dirigida hacia arriba cuando se excita.

OREJAS: de inserción alta, tamaño mediano y colgantes.

OJOS: separados, grandes y de un color en armonía con el del manto.

COLLIE DE PELO LARGO

Los ejemplares de esta raza reúnen belleza, armonía y majestuosidad unidas a la robustez y la agilidad que se exige a todo perro pastor. Tal fue la tarea que durante siglos desempeñó el collie de pelo largo hasta que, en 1860, la reina Victoria lo introdujo en los salones aristocráticos ingleses y se convirtió rápidamente en una raza muy solicitada y con presencia en las exposiciones caninas.

DATOS BÁSICOS

ORIGEN: Gran Bretaña

ALTURA: 55-60 cm los machos y 50-59 cm las hembras

PESO: entre 22 y 32 kg

LONGEVIDAD: 12-14 años

También conocido como pastor escocés de pelo largo o rough collie, lo primero que llama la atención al contemplarlo es su hermoso pelaje largo, abundante, duro al tacto y con un collar amplio; más corto en la cabeza, el hocico y las orejas. Bajo esa capa externa, hay otra capa de tacto muy suave y lanudo, pero tan densa como la exterior. Su color es muy variable, desde el rubio en todas sus tonalidades (dorado claro a caoba oscuro) al tricolor (negro dominante, rubio y blanco) o al azul mirlo. Hay que tener en cuenta que mantener la belleza y el brillo de ese pelaje exige muchos cuidados, no difíciles, pero que sí requieren tiempo: cepillado y peinado dos o tres veces por semana y baños poco frecuentes (excepto si el animal se ha ensuciado) para no eliminar los aceites naturales que le protegen el pelo.

Se trata de un perro ideal para vivir en familia ya que tiene muy buen carácter: es cariñoso, bondadoso, sensible, inteligente y nada agresivo. Sin embargo, frente a esas buenas cualidades, hay que tener en cuenta que puede mostrarse muy obstinado y desconfiado con quien no le gusta. Por eso, cualquier adiestramiento debe realizarse con delicadeza y suavidad, pues en caso contrario, simplemente se desentiende.

Tiene muy desarrollado el sentido de protección de sus amos, especialmente si se trata de niños o de personas solas, por lo que es un buen perro de guarda y no muestra tendencia a escaparse. También acoge amablemente a los amigos de la familia.

No suele ser muy ladrador si se lo educa desde cachorro. Lo que soporta mal es la soledad, así que no resulta un animal recomendable para familias en las que sus miembros deban ausentarse del domicilio durante varias horas. Si es necesario hacerlo, conviene que antes se le haya dado un largo paseo para cansarlo un poco.

El collie de pelo largo se adapta con facilidad al ritmo de vida de sus dueños, por lo que si solo se le dan tres paseos rápidos diarios, el animal se acostumbrará, aunque eso no es lo que le conviene. Lo ideal es ser más exigente en lo relativo al ejercicio físico, ya que, como buen perro pastor, es muy activo y vigoroso. Precisa correr, jugar y dar largos paseos que lo ayuden a descargar su energía. Los deportes caninos como el agility o el canicross se prestan muy bien a sus necesidades de ejercicio, y también los juegos en el jardín corriendo tras una simple pelota.

El manto del collie de pelo largo puede combinar diversos tonos de rubio con blanco o ser tricolor, con predominio del negro.

CABEZA: con forma de cuña truncada, afilándose hacia el hocico, pero sin que este llegue a ser puntiagudo.

OREJAS: más bien pequeñas, dobladas hacia atrás en reposo y semierectas cuando está alerta.

COLA: larga, alcanza al menos el corvejón. Colgante en estado de reposo y levantada en activo.

OJOS: de tamaño mediano, disposición oblicua y forma almendrada.

DATOS ESPECÍFICOS

CARÁCTER Y SOCIABILIDAD: inteligente, cariñoso, protector, amable y amistoso con los niños.

APTITUDES: pastor, de salvamento en el agua, perro guía, guarda y compañía.

ALIMENTO Y EJERCICIO: unos 300 g diarios de carne, 150 g de arroz y verduras. No engorda con facilidad. Es un animal que necesita unas 2 horas de ejercicio activo diarias.

CUIDADOS DEL MANTO: para mantener el pelo brillante, cepillados muy frecuentes y un baño mensual.

SALUD: los mayores riesgos son la displasia de cadera y los problemas oculares hereditarios.

REQUERIMIENTOS ESPECIALES: es muy sensible al calor, por lo que en verano hay que procurarle un lugar fresco y sombreado.

CUERPO: un poco más largo que alto, con el pecho profundo, la espalda fuerte y el lomo un poco levantado. Las patas son fuertes, pero no gruesas.

KELPIE AUSTRALIANO

Aunque las mejores aptitudes de esta raza se ponen de manifiesto cuando sus ejemplares se dedican al pastoreo de ovejas, hay que señalar que también pueden convertirse en magníficos compañeros dada su personalidad activa, inteligente y sensible. La raza se conoce desde 1870 y probablemente descienda del border collie o del dingo o perro salvaje australiano.

El aspecto ágil y vigoroso de esta raza, su mirada inteligente y su carácter obediente enamoran a cualquier aficionado a los perros. Pero antes de elegirlo como compañero, hay que tener en cuenta varios aspectos. El primero es que se trata de una raza acostumbrada a vivir al aire libre, por lo que no resulta una elección apropiada para un apartamento o un piso de ciudad. El segundo aspecto que hay que considerar es su tremenda vitalidad y resistencia, lo que obligará a sus dueños a proporcionarle un alto nivel de ejercicio físico diariamente. También se debe tener en cuenta que es un perro con mucho carácter, cierta tendencia a escaparse y muy ladrador, aunque, como contrapartida, resulta muy fácil de adiestrar.

Con una educación adecuada y una actividad física suficiente, es un buen perro familiar: atento, juguetón, obediente y fiel a la familia.

DATOS

ORIGEN: Australia
ALTURA: 45-50 cm los machos y 43-48 cm las hembras
PESO: 11-13 kg los machos y 9-11 kg las hembras
LONGEVIDAD: 12-14 años

CARÁCTER Y SOCIABILIDAD: inteligente, activo, ágil, veloz, sensible, muy obediente y adiestrable.

APTITUDES: pastor, muy amistoso con los niños.

ALIMENTO Y EJERCICIO: un pienso equilibrado en nutrientes y de buena calidad. Necesita beber más agua que otros perros. El ejercicio físico y mental es un requerimiento imprescindible.

CUIDADOS DEL MANTO: cepillado semanal.

SALUD: tiene muy buena salud; regularmente hay que aplicar tratamientos vermífugos y antiparasitarios.

REQUERIMIENTOS ESPECIALES: hay que dedicar tiempo a su adiestramiento y socialización, ya que tiene un carácter independiente y suele desconfiar de los extraños, a los que se enfrenta con valentía si los considera una amenaza.

COLA: de longitud media, derecha cuando está activo y caída y ligeramente curvada si está en reposo.

CABEZA: redondeada, con hocico prominente y una trufa cuyo color varía según sea el del manto.

OJOS: almendrados y de tamaño mediano, generalmente marrones, aunque hay ejemplares con los ojos azules.

OREJAS: erguidas, de forma triangular y terminadas en punta.

PASTOR OVEJERO AUSTRALIANO

A pesar de lo que sugiere su nombre, el origen de esta raza no está muy claro. La teoría más aceptada es que fueron inmigrantes vascos quienes llevaron perros australianos a Estados Unidos hacia mediados del siglo XIX, durante la fiebre del oro, y luego los llevaron a España para pastorear ovejas merinas, que en Norteamérica se les daba el nombre de ovejas australianas.

Pero poco importa la procedencia cuando se puede disfrutar de la belleza de esta raza y de su carácter leal, cariñoso y juguetón. Sin embargo, no son fáciles de cuidar si no se cuenta con cierta experiencia, ya que estos animales rebosan energía y resistencia y tienen un carácter protector muy marcado. Incluso cuando se tienen como perros de compañía y viven en familia, no olvidan sus instintos de pastores y guardianes, por lo que suelen ser ladradores y muestran tendencia a morder y a escaparse. Esos comportamientos se pueden corregir con una educación adecuada. Físicamente es un perro bien proporcionado, musculoso y ágil, con el cuerpo cubierto de un abundante manto liso o ligeramente ondulado formado por dos capas de pelo, lo que le proporciona una buena protección de la intemperie.

DATOS

ORIGEN: España, Australia, Norteamérica
ALTURA: 45-58 cm los machos y 43-53 cm las hembras
PESO: 13-20 kg los machos y 12-18 kg las hembras
LONGEVIDAD: 13-15 años

CARÁCTER Y SOCIABILIDAD: inteligente, cariñoso, juguetón, leal, protector, con mucho temperamento y amistoso con los niños.

APTITUDES: pastor, de guarda y compañía.

ALIMENTO Y EJERCICIO: alimento compuesto por mucha carne (mínimo 70 %) y verduras y frutas (20-30 %), muy pocos cereales y nada de azúcar. Necesita muchísimo ejercicio activo diario.

CUIDADOS DEL MANTO: cepillado diario.

SALUD: problemas articulares, como displasia de cadera, enfermedades oculares y malformaciones en los dientes.

REQUERIMIENTOS ESPECIALES: limpiar regularmente las orejas, los dientes y las patas; cortar las uñas.

CABEZA: ligeramente convexa o aplanada, muy bien proporcionada con el cuerpo.

OJOS: con variaciones de color, como el manto: azul, marrón, ámbar o diversas combinaciones de esos tonos.

OREJAS: triangulares y asentadas altas en la cabeza. Cuando está alerta, las dobla hacia delante o hacia los lados.

COLA: no demasiado larga y naturalmente caída.

PULI HÚNGARO

DATOS

ORIGEN: Hungría
ALTURA: 40-44 cm los machos y
37-41 cm las hembras
PESO: 13-15 kg los machos y
10-13 kg las hembras
LONGEVIDAD: 12-16 años

CARÁCTER Y SOCIABILIDAD:
dinámico, activo, cariñoso, amable,
alegre, simpático y protector.

APTITUDES: pastor, de guarda,
de salvamento en agua.

ALIMENTO Y EJERCICIO: alimento
diario compuesto de unos 300
g de carne, con verduras y arroz,
repartido en 2 veces. Precisa al
menos de 1 hora de ejercicio diario.

CUIDADOS DEL MANTO: no
requiere cepillado, solo
eliminar la suciedad del
manto y bañar únicamente
en verano pues el pelo tarda
en secarse.

SALUD: bastante sano y
resistente.

**REQUERIMIENTOS
ESPECIALES:** el baño conviene
realizarlo en una peluquería
canina.

¿Alguna vez pensasteis que podía existir un perro con
rastas? Pues aquí lo tenéis. Esta raza resulta inconfundible
por su abundantísimo pelaje que desciende hasta el
suelo formando gruesos cordones de pelos enroscados
que cubren un cuerpo robusto y musculoso.

El pelaje acordonado tan característico del puli no se desarrolla hasta
los tres años de edad, ya que mientras es cachorro, su pelo solo es
rizado. Mantener un manto tan singular requiere bastante atención y
cuidado. Mientras son cachorros basta con bañarlos una o dos veces
al mes. Cuando empiezan a formarse los cordones de pelo, conviene
ayudar a que adquieran forma con los dedos. Una vez que estén total-
mente formados, habrá que eliminar regularmente la suciedad y todo
lo que quede enganchado en el pelo, bañándolo solo cuando el manto esté sucio y separando de nuevo los cordones después del baño.

Es un perro cariñoso y simpático que se adapta muy bien a la vida
familiar, también es protector, desconfía de los desconocidos y puede
llegar a ser agresivo si no se educa correctamente.

OREJAS: de forma
triangular y caídas
a los lados de la
cabeza.

CABEZA: redondeada y
relativamente pequeña,
con la trufa negra y el
hocico corto.

COLA: corta, de
inserción alta y
porte bajo, con
forma de gancho
en la punta; suele
quedar oculta
entre el pelo.

OJOS: de
forma oblicua,
con el iris de
color oscuro,
generalmente
café, y mirada
viva.

CORGI GALÉS DE PEMBROKE

Parece que fueron los celtas quienes introdujeron esta raza en Gran Bretaña, donde entre los siglos XIV y XVIII se hicieron muy populares como pastores y guardianes de rebaños. A partir de 1934, se reconocieron dos variedades de corgi, el de Cardigan y el de Pembroke, que es el que mostramos en estas páginas.

Si se busca un perro afectuoso, alegre, inteligente, obediente y muy apegado a la familia, esta raza puede ser una buena opción. Pero también hay que tener en cuenta que es un animal con gran personalidad y muy dinámico, enérgico y activo que no se puede conformar con salidas rápidas, sino que necesita al menos una hora de ejercicio activo diario. No tiene tendencia a escaparse, ya que, como se ha dicho, está muy apegado a la casa y a la familia. Con los niños se lleva bien, pero no es muy tolerante con sus travesuras. Tampoco congenia demasiado con otros perros y mascotas.

Su acusado instinto protector lo convierte en un guardián eficaz y valeroso, con el espíritu y el arrojo de un perro de gran tamaño encerrado en su pequeño cuerpo. El tronco fuerte y robusto y las patas, cortas y musculosas.

OREJAS: erguidas, con el extremo redondeado y de tamaño mediano, aunque comparadas con el cuerpo parecen grandes.

OJOS: son de tamaño mediano, redondos y de color castaño.

COLA: se inserta justo al final del lomo y es corta. Esta característica, además del color del pelaje, lo diferencia del corgi de Cardigan, que la tiene relativamente larga y parecida a la de un zorro.

CABEZA: recuerda a la de un zorro. La trufa siempre es negra.

DATOS

ORIGEN: Gran Bretaña
ALTURA: 25-30 cm
PESO: entre 8 y 12 kg
LONGEVIDAD: 12-15 años

CARÁCTER Y SOCIABILIDAD: inteligente, cariñoso, muy activo, adiestrable y amistoso con los niños.

APTITUDES: pastor, de compañía.

ALIMENTO Y EJERCICIO: repartir la ración diaria en 2 tomas. Necesita, al menos, 1 hora de ejercicio activo diario.

CUIDADOS DEL MANTO: cepillado regular.

SALUD: aunque en general es buena, la forma de su cuerpo incrementa el riesgo de padecer enfermedades de los discos vertebrales.

REQUERIMIENTOS ESPECIALES: precisa un buen adiestramiento para eliminar la tendencia a ladrar en exceso, evitar agresiones a otros perros y la costumbre de empujar a las personas mordiéndoles los tobillos para mantenerlas reunidas «en el rebaño».

PINSCHERS, SCHNAUZERS, MOLOSOIDES, DE MONTAÑA Y BOYEROS SUIZOS

Este grupo reúne razas de naturaleza muy diversa. Los de tipo pinscher se desarrollaron para guardar y vigilar las granjas. Los schnauzer, para perseguir y cazar. Los molosoide se distinguen por su gran cabeza y fuertes mandíbulas. Los de montaña son guardianes de rebaños, ganado y granjas, y los boyeros suizos cuidan y dirigen al ganado bovino.

PINSCHER ALEMÁN
Altura: 44-45 cm.
Aptitudes: inteligente, juguetón, activo. Buen guardián y compañía.

DÓBERMAN
Altura: 68-72 cm (macho) y 63-68 cm (hembra).
Aptitudes: muy inteligente y valeroso, afectuoso, sensible. Más agresivo el macho y más tranquila la hembra.

ROTTWEILLER
Altura: 61-68 cm (macho) y 56-63 cm (hembra).
Aptitudes: valeroso y dominante, pero afectuoso con los niños.

SCHNAUZER ESTÁNDAR
Altura: 45-48 cm.
Aptitudes: leal, valiente, afectuoso. Guarda y compañía.

SHAR PEI
Altura: 45-50 cm (macho) y 40-45 cm (hembra).
Aptitudes: tranquilo, inteligente, equilibrado, leal, amistoso con los niños, valiente e independiente.

BÓXER
Altura: 63 cm (macho) y 59 cm (hembra).
Aptitudes: afectuoso, juguetón, muy apegado a la familia, fiel.

GRAN DANÉS

Altura: mínimo 80 cm (macho) y 73 cm (hembra).
Aptitudes: inteligente, cariñoso, amable, tranquilo, vital, adiestrable y amistoso con los niños.

MASTÍN NAPOLITANO

Altura: alrededor de 70 cm.
Aptitudes: tranquilo, equilibrado y fiel. Guarda y compañía.

BOYERO O BOUVIER DE BERNA

Altura: 64-70 cm (macho) y 58-66 cm (hembra).
Aptitudes: guardián (pero no mordedor), enérgico e impetuoso.

DOGO ARGENTINO

Altura: 60-70 cm (macho) y 60-65 cm (hembra).
Aptitudes: inteligente y sociable, pero necesita adiestramiento.

BULLDOG INGLÉS

Altura: alrededor de 30 cm.
Aptitudes: boñachón y reservado.

SAN BERNARDO

Altura: 70-90 cm (macho) y 50-80 cm (hembra).
Aptitudes: afectuoso, obediente, tranquilo. Rescate, salvamento y compañía.

TERRANOVA

Altura: entre 63-74 cm.
Aptitudes: paciente, equilibrado, cariñoso, muy adiestrable y afectuoso con los niños.

DATOS

ORIGEN: Alemania
ALTURA: 45-55 cm
PESO: 14 a 25 kg
LONGEVIDAD: 12-14 años

CARÁCTER Y SOCIABILIDAD:
muy inteligente, temperamento
fuerte y dominante, adiestrable,
muy activo y juguetón.

APTITUDES: guardián y
compañía.

ALIMENTO Y EJERCICIO: pienso
de calidad para su elevado
requerimiento de energía. Es un
animal vital y activo, necesita
mucho ejercicio físico y mental
con juegos y retos.

CUIDADOS DEL MANTO:
cepillado semanal.

SALUD: muy buena; solo hay que
vigilar la posible presencia de
una displasia de cadera.

REQUERIMIENTOS
ESPECIALES: es imprescindible
adiestrarlo, tiende a ser muy
protector y dominante. Sin
instrucción puede desarrollar
comportamientos algo agresivos.

PINSCHER ALEMÁN

Raza antigua que ya era apreciada en el siglo XIV por la nobleza alemana como perro de caballerizas para acabar con las ratas y vigilar casas y granjas. Su cría como animal de compañía es reciente. Esta raza es precursora de otras, como el pinscher miniatura y el dóberman.

Raza de tamaño medio que no requiere muchos cuidados estéticos ni de salud y se adapta bien a vivir en un piso, por lo que resulta un magnífico animal de compañía. Solo hay que cuidar dos aspectos esenciales para la convivencia: adiestrarlo correctamente, pues es dominante, posesivo y un poco testarudo, y darle la oportunidad de hacer muchísimo ejercicio, ya que es muy activo. Esta necesidad de ejercicio lo hace adecuado para personas deportistas, pues le encanta correr y disfrutar con los deportes caninos.

Se trata de un animal inteligente, tenaz y juguetón, con buena disposición para aprender si se educa con firmeza, pero también con cariño y respeto. Es muy leal con la familia, a la que defiende siempre. Aunque se lleva bien con los niños, no se recomienda cuando son muy pequeños debido al fuerte carácter del animal. Físicamente, muestra una apariencia elegante, musculosa, con una constitución cuadrada (su altura y su longitud son casi iguales) y la parte trasera del lomo ligeramente inclinada hacia abajo. El manto es denso, con el pelo de corta longitud y tacto sedoso. Los colores más habituales son negro y canela, azulado y canela, o los tonos rojizos y marrones.

CABEZA: de forma alargada, con el hocico puntiagudo y la trufa siempre de color negro.

OJOS: suelen ser de color pardo, brillantes y de mirada intensa.

COLA: fina y erecta, cubierta por pelo corto, liso y brillante.

OREJAS: triangulares y plegadas hacia delante, de modo que los bordes internos quedan junto a las mejillas.

AFFENPINSCHER

Se trata de una de las razas caninas más antiguas que existen. Es inconfundible por el aspecto del rostro, que recuerda al de un mono. Precisamente de ese parecido le viene el nombre, ya que *affe* significa «mono» en alemán. A pesar de su pequeño tamaño, no hay que subestimar a este animal, pues tiene mucho temperamento, es valiente, muy enérgico y extraordinariamente resistente.

Animal de carácter muy vivaracho e inquieto, tremendamente activo y algo travieso, pero fácil de tratar. Con la familia es muy cariñoso, mimoso y apegado, y a pesar de su pequeña talla no duda en defenderla con valentía y fiereza. Esto hace que con los extraños se muestre receloso, aunque sin llegar a ser agresivo si se ha educado adecuadamente. Es un perro muy ladrador. En general, se suele llevar bien con otros perros y con los gatos; también congenia con los niños, aunque conviene tener cuidado si son muy pequeños, ya que este perro demuestra claramente si alguna travesura no le ha gustado. Tiene una gran inteligencia y aprende con mucha facilidad, aunque también puede mostrarse obstinado.

Su cuerpo es compacto y fuerte con patas cortas y robustas. Posee un manto exterior de pelo largo, aspecto despeinado y áspero al tacto debajo del cual crece un subpelo ligeramente rizado. Tiene cejas muy tupidas que rodean los ojos, bigote y barba muy marcados y un copete tieso en lo alto de la cabeza.

OREJAS: de inserción alta, con forma de V y caídas hacia delante, aunque algunos pueden tenerlas erguidas.

CABEZA: gruesa y redondeada, frente prominente, hocico fuerte y la nariz corta.

OJOS: redondos, prominentes y de color oscuro.

COLA: de porte alto y en forma de hoz.

DATOS

ORIGEN: Alemania
ALTURA: 25-38 cm
PESO: entre 3 y 6 kg
LONGEVIDAD: 12-14 años

CARÁCTER Y SOCIABILIDAD: autoritario, ladrador, alegre, activo, seguro de sí mismo, muy cariñoso con la familia, receloso con extraños.

APTITUDES: guardián, defensa y compañía.

ALIMENTO Y EJERCICIO: debe comer pequeñas cantidades, pero a menudo. Paseos activos de una media hora de duración al día y juegos con la familia.

CUIDADOS DEL MANTO: cepillado semanal.

SALUD: en general, buena.

REQUERIMIENTOS ESPECIALES: el adiestramiento es muy importante para encauzar su carácter nervioso y que no se vuelva demasiado travieso.

DÓBERMAN

A finales del siglo XIX, un recaudador de impuestos alemán de nombre Karl Friedrich Dobermann, cansado de los asaltos de los ladrones y de las protestas de los contribuyentes insatisfechos, decidió «crear» un perro de defensa que lo protegiese en cualquier situación, más valiente y rápido que ninguno de los que ya existían. Y lo logró. En 1876 se presentó por primera vez el dóberman.

DATOS BÁSICOS

ORIGEN: Alemania
ALTURA: 68-72 cm los machos y 63-68 cm las hembras
PESO: entre 30 y 40 kg
LONGEVIDAD: 12-15 años

Sin duda, es el perro de ataque por excelencia: rápido, extraordinariamente inteligente, impetuoso y, al contrario que los demás perros, en lugar de agarrar a sus presas, las muerde. Debido a estas características no es un animal para cualquier dueño. Necesita uno con experiencia, que se imponga, que sepa educarlo con firmeza, pero también con tacto, sin forzarlo jamás. Sin esa educación imprescindible, que debe comenzar a los 10-12 meses de edad, el animal se vuelve violento, incontrolable y agresivo. En este punto, hay que recordar ese dicho que aquí cobra tanto sentido: «No hay malos perros, sino malos dueños». En todo caso, si es la primera vez que se tiene un dóberman, es preferible que sea una hembra, ya que su carácter es más tranquilo, sensible y afectuoso, mientras que los machos son más impetuosos y agresivos.

A pesar de todo, con el adiestramiento y la socialización adecuados, el dóberman puede ser un animal de compañía encantador, amistoso, pacífico, fiel y cariñoso que puede llevarse bien con los niños, otros perros y animales de compañía. Eso sí, no tolerará provocaciones y los desconocidos o las visitas inesperadas tampoco serán bien recibidas.

Su manto tiene una sola capa de pelo corto, duro, muy denso y bien pegado al cuerpo. Los colores aceptados son el negro y el marrón oscuro, en ambos casos con manchas bien nítidas y delimitadas en rojo óxido, que suelen presentarse en las cejas, el hocico, las mejillas, la garganta, el pecho, los muslos y los pies.

Con correa y arnés

El dóberman puede adaptarse a vivir en un piso siempre que se le proporcionen largos paseos diarios y una buena dosis de juego para que descargue energía. Se ha detectado que muchos de sus problemas de comportamiento se deben a la falta de ejercicio físico y mental. Es importante que cuando se vaya a pasear por una zona concurrida por otros animales o personas, vaya siempre sujeto con la correa y, si es posible, también con arnés, porque así será más fácil dominarlo en caso de imprevistos. Hay que tener en cuenta que este es un animal extraordinariamente veloz en movimientos y reacciones. También conviene que desde pequeño se acostumbre al bozal, ya que es un perro potencialmente peligroso.

El dóberman no debe dormir en el exterior, ya que no tiene buena capacidad para soportar el frío extremo.

DATOS ESPECÍFICOS

CARÁCTER Y SOCIABILIDAD: muy inteligente y valeroso, afectuoso, sensible. Más impulsivo el macho y más tranquila la hembra.

APTITUDES: de guarda y defensa, policía, de rastreo, búsqueda y rescate, para el ejército y las fuerzas de seguridad.

ALIMENTO Y EJERCICIO: unos 500 g diarios de carne, con 300 g de arroz y un poco de verduras. El pan, las grasas y los dulces están prohibidos. Conviene que la ración diaria se reparta en varias tomas para evitar la distensión del estómago. Es un perro muy activo, que necesita unas 2 horas de ejercicio diario, además de adiestramiento continuo.

CUIDADOS DEL MANTO: conviene utilizar de vez en cuando un guante de goma para masajear el cuerpo y eliminar el pelo muerto.

SALUD: tendencia a sufrir cardiopatías, problemas en las vértebras del cuello y trastornos en la coagulación de la sangre, displasia de cadera y trastornos oculares hereditarios.

REQUERIMIENTOS ESPECIALES: entrenamiento continuo desde los 10 meses de edad, sin forzarlo ni presionarlo en exceso, pues lo tolera muy mal.

CABEZA: larga y estrecha, en forma de cuña, con el cráneo plano y dentadura fuerte con una mordida en tijera muy poderosa.

CUERPO: muy elegante, compacto, potente y musculoso. Lomo corto y pecho amplio y profundo.

OREJAS: de tamaño mediano, puntiagudas, solo se mantienen erectas si se cortan cuando el perro es cachorro.

OJOS: de tamaño mediano, forma ovalada, color oscuro y con una expresión muy inteligente.

COLA: naturalmente es larga, ligeramente curvada y de inserción alta. Hasta hace poco se le amputaba, pero esa práctica está prohibida en la actualidad.

SCHNAUZER ESTÁNDAR

La palabra alemana *schnauz* significa «bigotes» y resulta muy apropiada para dar nombre a esta raza, cuyos ejemplares se caracterizan por la barba y los bigotes prominentes que les adornan el hocico. En un principio, estos perros se usaron como ratoneros, pero enseguida se descubrió que también resultaban espléndidos vigilantes y guardianes.

Las cejas pobladas y los largos bigotes son los atributos más llamativos de esta raza de perros de aspecto elegante, musculoso y ágil. Pero no es solo su apariencia la que los ha convertido en uno de los animales de compañía más populares, sino su carácter, pues son muy inteligentes y curiosos, sociables, cariñosos y leales (aunque también tienen una personalidad muy fuerte y marcada que a veces los hace mostrarse obstinados). Se adaptan muy bien a cualquier tipo de familia, pero no son las mascotas más adecuadas si hay niños pequeños, ya que no toleran bien las travesuras infantiles.

Necesitan un nivel de ejercicio moderado, con paseos y juegos. Si se les proporciona la actividad física y mental que precisan, pueden adaptarse muy bien a vivir en un piso. Lo que no soportan es quedarse solos mucho tiempo. El manto está formado por dos capas de pelo, una exterior áspera y medianamente larga y otra interior suave y tupida. Solo están admitidos dos colores: el negro puro y el que llaman sal y pimienta, que es una combinación de diversas tonalidades de gris.

DATOS

ORIGEN: Alemania
ALTURA: 48 cm los machos y 45,7 cm las hembras
PESO: 18 kg los machos y 16 kg las hembras
LONGEVIDAD: 12-14 años

CARÁCTER Y SOCIABILIDAD: muy vivo y jovial, inteligente, activo, leal, valiente, afectuoso, obstinado y un poco territorial.
APTITUDES: guarda, defensa y compañía.
ALIMENTO Y EJERCICIO: diariamente unos 250 g de carne, 150 g de arroz o pan y 100 g de verduras cocidas. Necesita, al menos, 1 hora de ejercicio y juego diario.
CUIDADOS DEL MANTO: cepillado al menos 2 veces a la semana.
SALUD: el mayor riesgo son los problemas cardíacos y la displasia de cadera.
REQUERIMIENTOS ESPECIALES: 3-4 veces al año hay que acudir a una peluquería canina para que corten y den forma al pelo.

CABEZA: potente y alargada, con la frente plana, cejas y bigotes poblados y trufa de color negro.

OJOS: de forma ovalada, tamaño mediano, orientados hacia delante y de color oscuro.

COLA: con forma de sable o de hoz, ligeramente curvada hacia arriba en la punta y longitud media.

OREJAS: con forma de V y caídas hacia delante; antiguamente se amputaban para que estuvieran erguidas.

SHAR PEI

Raza de aspecto inconfundible por los gruesos pliegues que forma la piel sobre su cuerpo y que encima de los ojos adquieren la apariencia de un ceño fruncido. Es un animal muy inteligente y que aprende con facilidad.

De tamaño mediano, el shar pei es un perro muy familiar, afectuoso, tranquilo, leal y obediente, pero también tiene un punto de independencia que hace que demande menos atenciones que otros animales de compañía. Tiene un fuerte instinto de guarda y defensa para con la familia, defendiéndola con gran valentía si es necesario. Con los extraños se muestra bastante desconfiado. Por estas características y su tendencia al individualismo es importante socializarlo y adiestrarlo debidamente cuando aún es un cachorro. Con los gatos se suele llevar bien, mas no así con otros perros, con los que muestra una actitud dominante que, combinada con su vigor y valentía, puede crear situaciones comprometidas.

Este perro arrugado, característica que aún es más exagerada en los cachorros, tiene un pelaje corto y áspero al tacto. Como no tiene una subcapa de pelo que sirva de aislante, tolera muy mal el frío y, aunque le gusta el calor, ¡cuidado, porque se puede quemar!

DATOS

ORIGEN: China
ALTURA: 45-50 cm los machos y 40-45 cm las hembras
PESO: 20-25 kg los machos y 16-20 kg las hembras
LONGEVIDAD: 8-10 años

CARÁCTER Y SOCIABILIDAD: tranquilo, inteligente, equilibrado, leal, amistoso con los niños, valiente e independiente.

APTITUDES: de compañía, con instinto de guardián y defensa.

ALIMENTO Y EJERCICIO: pienso de calidad, preferentemente de pescado y arroz. Al menos 1 hora de ejercicio diario.

CUIDADOS DEL MANTO: cepillado suave de vez en cuando. No hay que bañarlo a menudo y conviene secarlo muy bien entre los pliegues.

SALUD: los mayores riesgos están relacionados con infecciones de la piel, enfermedades oculares y dolor en las articulaciones.

REQUERIMIENTOS ESPECIALES: revisión de los ojos a diario.

OREJAS: pequeñas, con forma de concha y pegadas a la cabeza.

OJOS: de color oscuro y párpados funcionales no cubiertos por las arrugas.

CABEZA: maciza, ancha proporcionada y no excesivamente grande, con los labios y la parte superior del hocico carnosos y la lengua de color azul.

COLA: en forma de anillo enroscado y de porte alto.

BÓXER

Esta raza alemana fue desarrollada a partir de cruces entre dos inglesas, el bulldog y el mastín bullembeisser, con el fin de conseguir un perro cazador inteligente, menos agresivo que sus antecesores y que sujetase bien a las presas. La nueva raza no se difundió mucho hasta que en la Segunda Guerra Mundial se empleó en diversas misiones y alcanzó gran popularidad.

DATOS BÁSICOS

ORIGEN: Alemania

ALTURA: 57-63 cm los machos y 52-59 cm las hembras

PESO: 30-32 kg los machos y 24-25 kg las hembras

LONGEVIDAD: 10-12 años

Si se busca un excelente animal de compañía, hay pocos mejores que el bóxer. Es un perro muy bondadoso, paciente y protector con los niños, juguetón, fiel, apegado y complaciente con la familia. Por eso no lleva excesivamente bien lo que quedarse solo en casa muchas horas. Tiene un carácter equilibrado, muy valeroso y protector, por lo que también resulta un magnífico perro guardián que no duda en salir en defensa de los suyos ante cualquier peligro. Frente a los desconocidos, al principio se muestra distante y desconfiado, pero si su dueño le indica que no hay motivo de alarma, se volverá abierto y amigable.

Se adiestra con bastante facilidad, ya que es un animal inteligente que aprende rápido, pero cuidado con emplear la fuerza, enfadarse o ser impaciente, porque entonces se vuelve testarudo. En el adiestramiento hay que insistir en moderar un poco su carácter, a veces demasiado bullicioso, y en quitarle algunas costumbres molestas, como la de saltar encima de la gente.

Necesita dueños con un estilo de vida muy activo, ya que es un animal con gran energía y que precisa de mucha activi-

dad, ejercicio físico y estimulación mental. Le encanta el paseo largo acompañado de la familia, correr y los deportes caninos, así como las pruebas de defensa y los concursos de destreza.

Incluso con los niños muy pequeños juega sin ponerse nervioso ni perder el control. Solo hay que tener cuidado cuando el perro es cachorro, pues en su desmedido afán de juego puede actuar con cierto ímpetu y asustarlos.

Dos variaciones de pelaje

El pelo del bóxer es corto, brillante, suave y muy pegado al cuerpo. Atendiendo al color del manto, se admiten dos variedades: el bóxer leonado o rubio y el atigrado. El primero incluye tonalidades que van desde el leonado claro al rojo ciervo oscuro, siendo la preferida el leonado rojizo. La segunda variedad se distingue por presentar líneas oscuras o negras que destacan sobre una base leonada. En ambas están admitidas las manchas blancas, pero solo se pueden extender, como máximo, por un tercio de la superficie del cuerpo. También en las dos variedades el color del hocico es oscuro, diferenciándose de este modo de la coloración de la cabeza.

Hay que señalar que, aunque existen ejemplares de color completamente blanco y también albinos, no están admitidos en los estándares de raza.

Otra de las cualidades del bóxer es que, bien socializado, se lleva perfectamente con otros animales domésticos, como los gatos.

OREJAS: de inserción alta, colgantes cuando no se recortan (el recorte es una práctica que ahora está prohibida en muchos países).

CUERPO: de tamaño mediano a grande, aspecto robusto y complexión fuerte y musculosa. El cuello se extiende desde la nuca hasta los hombros formando una elegante curva.

OJOS: de color castaño oscuro.

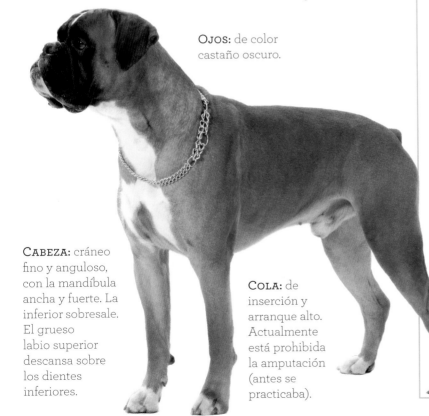

CABEZA: cráneo fino y anguloso, con la mandíbula ancha y fuerte. La inferior sobresale. El grueso labio superior descansa sobre los dientes inferiores.

COLA: de inserción y arranque alto. Actualmente está prohibida la amputación (antes se practicaba).

DATOS ESPECÍFICOS

CARÁCTER Y SOCIABILIDAD: muy alegre, juguetón, con buen carácter, extraordinariamente afectuoso con los niños, adiestrable.

APTITUDES: guardián y de defensa, de compañía, salvamento, policía, perro guía.

ALIMENTO Y EJERCICIO: la ración diaria debe repartirse en varias tomas para evitar la distensión de estómago. Es un animal activo que necesita diariamente 2 horas o más de ejercicio físico, además de un tiempo extra de juego.

CUIDADOS DEL MANTO: pasar diariamente un guante de goma para eliminar pelos muertos.

SALUD: tiene predisposición a enfermedades graves, sobre todo de tipo cardíaco y canceroso.

REQUERIMIENTOS ESPECIALES: diariamente se le deben limpiar las babas y las legañas. Es aconsejable el baño cada 2 meses.

DATOS

ORIGEN: Alemania
ALTURA: 61-68 cm los machos y 56-63 cm las hembras
PESO: 50 kg los machos y 42 kg las hembras
LONGEVIDAD: 10-12 años

CARÁCTER Y SOCIABILIDAD: equilibrado, activo, obediente, adiestrable, valeroso, dominante, amistoso con los niños.

APTITUDES: guarda y defensa, policía, de compañía.

ALIMENTO Y EJERCICIO: conviene que tome piensos que fortalezcan las articulaciones y medir muy bien las raciones para evitar que engorde. Necesita ejercicio físico intenso.

CUIDADOS DEL MANTO: de vez en cuando, un masaje con un guante de goma, especialmente durante la muda.

SALUD: tendencia a padecer displasia de cadera y codo.

REQUERIMIENTOS ESPECIALES: imprescindible el adiestramiento y la socialización.

ROTTWEILER

Su aspecto impresiona, pues es un perro robusto, fuerte y grande, que emana una intensa sensación de poder. Pero tras esa apariencia casi aterradora se esconde un animal que, adecuadamente socializado, puede ser muy cariñoso, fiel y leal. Una vez más, la responsabilidad de que así sea recae en su dueño.

Es importante comenzar haciendo hincapié en la injustificada mala fama que tiene esta raza, que ha llevado a que en muchos países se la catalogue como potencialmente peligrosa. Este peligro solo es real si al animal se lo educa fomentando su agresividad. En manos de un dueño responsable y con experiencia, que lo adiestre correctamente, el rottweiler es un perro fiel, obediente, leal, amistoso, divertido y muy cariñoso con los niños, incluso tranquilo y pacífico.

No le gusta estar solo mucho tiempo y necesita bastante espacio para vivir y moverse. Debe ejercitarse física y mentalmente a diario para gastar sus grandes reservas de energía. Como tiene cierta tendencia al sobrepeso, las actividades deportivas resultan muy beneficiosas para su salud. Posee un cuerpo fuerte, musculoso y poderoso. El pelaje es muy denso y corto, formado por una doble capa de color negro brillante salpicado de unas inconfundibles manchas pardo-rojizas sobre los ojos, en las mejillas, alrededor de la boca, en el pecho, las patas y debajo de la cola.

OREJAS: de forma triangular, colgantes, llevadas hacia delante y poco aparentes.

OJOS: de tamaño mediano y color café oscuro, con una mirada segura y confiada.

COLA: en estado natural, horizontal, larga y con forma de huso.

CABEZA: ancha, de longitud media, con un poderoso hocico y una mordida en tijera extraordinariamente fuerte.

BULLMASTIFF

También conocido como mastín inglés, su origen es anterior a la llegada de los romanos a Gran Bretaña. Por su extraordinaria ferocidad se empleó en los espectáculos de lucha romanos, como refuerzo de los ejércitos de Carlos V y en la lucha contra toros y osos. Hoy, gracias a cruces seleccionados, su ferocidad se ha disminuido para convertirlo en animal de compañía.

Su apariencia potente, musculosa y grande no se corresponde con su trato en familia, ya que es tranquilo y cariñoso, muy cercano y empático con quienes convive, incluso con los niños (cuidado si son muy pequeños, pues por su tamaño puede hacerles daño sin querer). Es un perro inteligente y muy calmado que observa antes de actuar, por eso ante los extraños mantiene una actitud distante. Su instinto luchador le hace muy valiente y un excelente guardián. Es fácilmente adiestrable y aprende con rapidez, pero no se puede esperar de él una obediencia absoluta, tiene cierta obstinación. Su tamaño exige espacio suficiente y no es apto para la vida en un piso. También es preciso animarlo para que haga ejercicio, pues tiende a ser perezoso. Hay que ajustar su alimentación a su edad, grado de actividad física y estado de salud.

DATOS

ORIGEN: Gran Bretaña
ALTURA: 75-80 cm
PESO: 70-90 kg, aunque puede llegar a 100 kg
LONGEVIDAD: 8-10 años

CARÁCTER Y SOCIABILIDAD: tranquilo, inteligente, cariñoso, adiestrable y amistoso con los niños. Educado para la defensa, puede ser feroz.

APTITUDES: de guarda y defensa personal, compañía y de terapia.

ALIMENTO Y EJERCICIO: aportar la cantidad y el tipo de alimento más adecuado para evitar el sobrepeso. Necesita como mínimo 1 hora de ejercicio diario.

CUIDADOS DEL MANTO: cepillado semanal. Atención a los pliegues de la piel para eliminar suciedad y parásitos.

SALUD: peligro de displasia de cadera y torsión de estómago.

REQUERIMIENTOS ESPECIALES: imprescindible el adiestramiento y la socialización para canalizar y dosificar su fuerza.

CABEZA: maciza, ancha y de forma rectangular, con labios bien desarrollados y ligeramente caídos. Trufa negra y ancha.

OREJAS: de inserción alta, forma redondeada y caídas.

OJOS: pequeños, de color avellana oscuro.

COLA: larga. Suele llegar al menos hasta el corvejón.

BULLDOG INGLÉS

Su nombre, literalmente «perro toro», encaja bien con su apariencia robusta y su gesto furioso, y hace referencia a su participación en los combates con toros y otros canes, a los que se enfrentaba con agresividad, fiereza y extraordinaria potencia. Pero ya nada queda de esos orígenes y las selecciones realizadas desde mediados del siglo XIX han dado como resultado un perro que mantiene su aspecto serio, pero con un carácter amable y pacífico.

DATOS BÁSICOS

ORIGEN: Gran Bretaña
ALTURA: entre 30-35 cm
PESO: 24-25 kg los machos y 22-23 kg las hembras
LONGEVIDAD: 8-10 años

El bulldog es un claro ejemplo de que, en muchas ocasiones, las apariencias engañan. Tras su aspecto robusto, fuerte y de gesto malhumorado se esconde un excelente animal de compañía. Delicado, sensible, afectuoso, bonachón y tranquilo, se adapta muy bien a la vida en familia, es juguetón con los niños y puede llevarse sin problemas a cualquier parte, pues no suele causar alboroto ni molestar a nadie. Además, le encanta ser el centro de atención y que lo mimen y acaricien. No tiene inconvenientes en compartir el hogar con otro perro de su misma raza, pero no soporta a los gatos.

Como nadie es perfecto, este animal también tiene sus peculiaridades. Quizá la más importante que hay que tener en cuenta sea su testarudez. Si algo lo incomoda o se le da una orden de forma muy autoritaria, lo más seguro es que ignore la petición y no obedezca. Por eso se debe adiestrar con mucha paciencia y cariño, asumiendo que su obediencia nunca será incondicional y que, en ocasiones, habrá que hacer la vista gorda. Otros inconvenientes son que tiene tendencia a babear, roncar y resollar, ya que por su peculiar anatomía suele tener problemas respiratorios.

También habrá que ser muy persuasivo para convencerlo de que haga ejercicio, pues es bastante perezoso. Nunca encontraremos un bulldog sentado impaciente junto a la puerta esperando que lo saquemos a pasear, pero conviene vencer esa resistencia porque tiene tendencia al sobrepeso.

Cuidarlo con esmero

El pelo del bulldog es corto, muy fino y liso. Los colores varían entre blanco, rojizo, ocre, pardo, atigrado o con manchas (el negro no está admitido en los estándares de raza). Este tipo de pelo requiere muy pocos cuidados, al contrario de lo que demandan los ojos y los pliegues de la nariz, que deben limpiarse diariamente para evitar infecciones.

Esta raza no soporta bien los climas cálidos, pero tampoco los fríos porque tiene tendencia a enfriarse. Un ambiente de temperatura templada es el que

Izquierda. Su necesidad de ejercicio es moderada: paseos de no más de 20-30 minutos a paso medio, sin trotar. Derecha. El bulldog es muy sensible al calor. Con temperaturas elevadas, hay que acortar los paseos, darle mucha agua y un lugar sombreado.

mejor se adecúa a sus características. Por último, si se adquiere una hembra y se desea que críe, hay que considerar que la mayoría no es capaz de dar a luz de forma natural, siendo la tasa de cesáreas superior al 80 %. Esto es debido a sus peculiaridades anatómicas: cabeza voluminosa, hombros anchos y caderas estrechas.

DATOS ESPECÍFICOS

CARÁCTER Y SOCIABILIDAD: bonachón, afectuoso, dócil, sensible, reservado, algo terco. Amistoso con los niños.

APTITUDES: de guarda y compañía.

ALIMENTO Y EJERCICIO: pienso de calidad para evitar el sobrepeso o un alimento preparado en casa con 300 g diarios de carne más 250 g de arroz hervido y verduras cocidas. Conviene darle 2 paseos diarios no excesivamente largos.

CUIDADOS DEL MANTO: pasar de vez en cuando un guante especial para el pelo.

SALUD: problemas respiratorios, displasia de cadera, alergias diversas y prolapso de la glándula lacrimal de la membrana nictitante o tercer párpado.

REQUERIMIENTOS ESPECIALES: limpiar diariamente los ojos y los pliegues de la nariz.

CUERPO: rollizo y compacto con cuello arqueado, pecho y hombros anchos, caderas estrechas y patas cortas.

OREJAS: pequeñas y delgadas, muy separadas entre sí e insertadas bastante atrás de los ojos.

OJOS: de forma redonda y distantes entre sí, de color muy oscuro.

CABEZA: muy voluminosa, con mejillas que se extienden a los lados de los ojos y hocico corto. Trufa ancha con fosas nasales grandes, labio superior colgante y papada.

COLA: corta y que se pliega hacia abajo al final. No está permitida la cola en tirabuzón.

DATOS

ORIGEN: Italia
ALTURA: 65-75 cm los machos y 60-70 cm las hembras
PESO: hasta 70 kg
LONGEVIDAD: 8-10 años

CARÁCTER Y SOCIABILIDAD: equilibrado, tranquilo, simpático, muy fiel, amable si está bien adiestrado.

APTITUDES: guardián y de defensa, de compañía, policía.

ALIMENTO Y EJERCICIO: la ración diaria debe ser de 700 g de carne, con arroz o pan. No es un animal demasiado activo, aunque le gustan las caminatas.

CUIDADOS DEL MANTO: cepillado semanal.

SALUD: predisposición a la torsión de estómago, la displasia de cadera y codo.

REQUERIMIENTOS ESPECIALES: necesita un adiestramiento extra aplicado con paciencia y cariño. Soporta mal el calor.

MASTÍN NAPOLITANO

Esta es otra raza de perros gigantes que desciende de los antiguos y fieros molosos romanos que antiguamente se utilizaban tanto en la guerra como en los espectáculos de lucha en los circos.

Este perro solo es apropiado para dueños con bastante experiencia y que cuenten con suficiente espacio para que el animal pueda vivir con comodidad. Al igual que el mastín inglés, el napolitano, si está bien adiestrado y socializado, es un buen perro de compañía: tranquilo, equilibrado y simpático, muy fiel, amable y cariñoso con su dueño, incluso amistoso con los niños. Pero al mismo tiempo no hay que olvidar que es muy territorial y protector y actúa con rapidez, valentía y ferocidad ante cualquier peligro. Esto lo convierte en un magnífico perro guardián y de defensa, pero también en una responsabilidad para sus dueños, que deben educarlo adecuadamente.

Otra cuestión que debe plantearse antes de adquirir uno de estos animales es su apetito voraz: necesita abundante comida de calidad, por lo que su mantenimiento es caro. Es importante llevarlo siempre con correa, arnés y bozal.

OREJAS: de forma triangular, colgantes y pegadas a la cara.

COLA: de porte bajo.

CABEZA: muy grande y fuerte con potentes mandíbulas y una característica papada marcada por grandes pliegues que se concentran en un cuello extraordinariamente fuerte.

OJOS: el estándar establece que sean del mismo color que el manto.

MASTÍN ESPAÑOL

También conocido como mastín extremeño o leonés, esta raza de perros gigantes es la más grande de España. Acostumbrado en sus orígenes a pelear con lobos y osos para defender al ganado, todavía conserva ese instinto protector innato.

DATOS

ORIGEN: España
ALTURA: mínimo 77 cm los machos y 72 cm las hembras
PESO: entre 50-100 kg
LONGEVIDAD: 12-14 años

CARÁCTER Y SOCIABILIDAD: inteligente, obediente, vivo, fuerte, valiente, protector, afectuoso con su dueño y fiero si es necesario.

APTITUDES: de guarda para propiedades y ganado, pastor, de rastreo para caza mayor.

ALIMENTO Y EJERCICIO: como es muy ansioso y glotón y con tendencia al sobrepeso, necesita un pienso de calidad repartido en tres tomas diarias. Requiere mucha actividad.

CUIDADOS DEL MANTO: cepillado ocasional.

SALUD: tiene predisposición a la torsión de estómago, la displasia de cadera y al entropión.

REQUERIMIENTOS ESPECIALES: en el adiestramiento hay que insistir desde cachorro en que no muerda cuando juegue.

Este gigante de aspecto rústico y musculoso irradia fuerza, potencia y seguridad en sí mismo. Es valiente, inteligente, tranquilo y paciente, bondadoso, alegre, vivaz y muy fiel. Le encanta compartir juegos con los niños. No suele causar problemas con otros perros y puede convivir con gatos. Es un animal deseoso de aprender y muy intuitivo, pero también algo cabezota y dominante. Como excelente perro guardián que es, ladrará con su voz potente siempre que escuche algún ruido extraño, aunque sea por la noche, lo que puede ocasionar problemas con los vecinos.

CABEZA: maciza, ancha y de forma rectangular, con labios bien desarrollados y ligeramente caídos. Trufa negra y ancha.

OREJAS: más bien pequeñas, terminadas en punta y colgantes a los lados.

OJOS: pequeños, habitualmente de color oscuro y expresión inteligente.

COLA: de porte bajo, con una ligera curva en el extremo.

GRAN DANÉS

La Federación Cinológica Internacional (FCI) define al gran danés o dogo alemán como el Apolo de las razas caninas, debido a su elegancia y a la armonía de sus proporciones, que son las de un gigante. Pero se trata de un gigante amigable, cariñoso, muy devoto de su amo, aunque no sumiso, y que adora la compañía.

DATOS BÁSICOS

ORIGEN: Alemania
ALTURA: mínimo 80 cm los machos y 73 cm las hembras
PESO: entre 45-100 kg
LONGEVIDAD: 8-10 años

Aunque su enorme tamaño hace que no siempre sea bien aceptado como animal de compañía, la realidad es que se trata de un perro con muy buen carácter, inteligente, bondadoso y amable, cariñoso con sus dueños y, aunque reservado con los extraños, no es agresivo, amenazante ni ladrador. Congenia muy bien con los niños, con los que se muestra juguetón, y convive fácilmente con otros perros y mascotas.

Su gran tamaño impide que se adapte bien a la vida en un piso. Uno de sus requisitos es que necesita dar largos paseos, aunque con una actividad moderada y evitando los juegos muy alocados cuando el animal es joven. Un inconveniente es que suele babear más que otras razas. Tampoco soporta demasiado bien quedarse mucho tiempo solo, pues es un perro que precisa estar cerca de la familia, y si se aburre, puede desarrollar comportamientos destructores. Otra circunstancia que hay que considerar es el elevado precio de su manutención, ya que necesita un aporte de carne de entre 1 y 2 kg al día.

Al contrario de la creencia general, el gran danés se puede educar relativamente bien, siempre con un tipo de adiestramiento positivo, sin dureza ni impaciencia, pues es muy sensible a ese tipo de actitudes. Si su dueño lo trata con cariño, pero marcándole los límites, podrá disfrutar de la lealtad y fidelidad de este gran animal.

Tres variedades de color

El pelo del gran danés es corto, espeso, tupido y brillante. Se puede presentar en tres variedades de color que no deben mezclarse. La primera de ellas incluye los ejemplares leonados y atigrados, cuyas tonalidades de base van desde el leonado dorado pálido al intenso (todos con una máscara negra en los ojos). En el atigrado se dibujan rayas negras regulares en dirección a las costillas. Tanto en el leonado como en el atigrado, la trufa es negra.

La siguiente variedad agrupa al gran danés negro y al arlequín o diamante. El primero es de color negro azabache, a veces con manchas blancas en el hocico, el cuello, el pe-

cho, el vientre, las extremidades o la cola. El de tipo arlequín tiene el manto blanco con grandes manchas irregulares de color negro azabache salpicadas por toda la superficie del cuerpo y la trufa puede ser parcialmente pigmentada o de color carne. Otra peculiaridad del arlequín es que puede presentar un ojo de cada color.

La última variedad corresponde al gran danés de color azul acero oscuro, a veces con manchas blancas en el pecho y los pies. La trufa es de color antracita.

CABEZA: alargada, delgada y estrecha, con el hocico profundo y rectangular y el cuello largo y musculoso.

OJOS: de forma almendrada, tamaño mediano y color preferentemente oscuro, aunque pueden ser claros en el arlequín y el azul.

OREJAS: de inserción alta, tamaño mediano y colgantes hacia delante. Antes se cortaban en pico.

CUERPO: longitud casi igual a la altura, con el lomo ligeramente arqueado, la espalda corta y el pecho profundo.

COLA: de inserción alta y larga, llegando hasta el corvejón.

DATOS ESPECÍFICOS

CARÁCTER Y SOCIABILIDAD: inteligente, cariñoso, amable, tranquilo, vital, adiestrable y amistoso con los niños.

APTITUDES: guarda y defensa, de compañía.

ALIMENTO Y EJERCICIO: tiene gran apetito y conviene repartir la ración diaria en varias dosis. Si se prepara el alimento en casa se le ha de ofrecer cada día 1,5 kg de carne acompañada de arroz y verduras. Necesita ejercicio físico moderado en cuanto a intensidad, al que hay que dedicar alrededor de 2 horas diarias.

CUIDADOS DEL MANTO: basta con un cepillado semanal o cada 10 días aplicado con guante de goma.

SALUD: tendencia a padecer displasia de cadera y dilatación y torsión gástrica.

REQUERIMIENTOS ESPECIALES: imprescindible el adiestramiento positivo para dominar su fuerza y evitar así accidentes.

DATOS

ORIGEN: Francia
ALTURA: 60-68 cm los machos y 58-66 cm las hembras
PESO: mínimo 50 kg los machos y 45 kg las hembras
LONGEVIDAD: 5-8 años

CARÁCTER Y SOCIABILIDAD: tolerante, apacible, pacífico, afectuoso, fiel y apegado a sus dueños.

APTITUDES: de defensa, compañía.

ALIMENTO Y EJERCICIO: pienso de calidad que evite el sobrepeso y fortalezca las articulaciones. Es suficiente con 1 hora de ejercicio diaria.

CUIDADOS DEL MANTO: basta con cepillarlo semanalmente con un guante de goma.

SALUD: tendencia a padecer displasia de cadera y codo e infecciones cutáneas.

REQUERIMIENTOS ESPECIALES: imprescindible el adiestramiento y la limpieza, casi diaria, de los pliegues de la piel para evitar infecciones cutáneas.

DOGO DE BURDEOS

Si se comparan los primeros ejemplares de esta raza, una de las más antiguas de Francia, con los actuales, apenas queda más que su fiero aspecto. Este perro, que antaño participaba en peleas de canes, combates con toros y cacerías de osos, jabalíes y lobos, es hoy un animal apacible y sereno, un gigante manso.

El adiestramiento y la responsabilidad del dueño son las dos bases imprescindibles para que este animal fornido y musculoso se convierta en una perfecta y agradable compañía. Bien educado y socializado desde cachorro, se muestra cariñoso y tranquilo, incluso con los niños más pequeños y traviesos. Sin embargo, con los desconocidos mantiene las distancias y se muestra desconfiado, aunque sin llegar a agredir (salvo que entienda que suponen un peligro para su manada humana). Su pelo es corto, liso y muy suave, con una tonalidad uniforme que puede variar desde el castaño rojizo al caoba, a veces con pequeñas manchas blancas en forma de punto en el pecho y los extremos de las patas. Además, puede tener una máscara marrón o negra que no le llega al cráneo.

Sus cuidados diarios son sencillos y la necesidad de ejercicio tampoco es muy exigente, pero a fin de no llevarse sorpresas, hay que tener en cuenta que es un animal que babea mucho y cuya alimentación se debe controlar estrictamente, pues tiene tendencia al sobrepeso y los problemas articulares.

OJOS: de forma ovalada.

OREJAS: de forma redondeada y caídas hacia delante.

COLA: horizontal, larga y con forma de huso en estado natural.

CABEZA: ancha, grande y de forma redondeada, con una mandíbula muy potente, papada y profundas arrugas de la piel.

DOGO ARGENTINO

Imponente, robusto y musculoso, este dogo es la única raza autóctona argentina que no se ha extinguido. Se trata de un tipo de perro solo apto para quienes ya tienen una amplia experiencia con estos animales, disponen de mucho espacio y llevan un estilo de vida deportista.

Un adiestramiento correcto es la base para que cualquier perro se convierta en una compañía perfecta. Aunque esto ya se ha mencionado en otras ocasiones, en este caso adquiere especial importancia, ya que el instinto del dogo argentino como antiguo perro de caza mayor aún sigue despierto. Por eso hay que mantener bajo control su agresividad y su marcado sentido territorial, socializándolo con personas y otros perros desde que es un cachorro y proporcionándole un adiestramiento experto. Así se conseguirá un compañero cariñoso, tranquilo y leal, muy apegado a la familia y, sin duda, protector.

Si vive en una casa con jardín, se debe vallar porque tiene tendencia a escaparse. Le gustan las actividades deportivas, nadar o chapotear en el agua y los largos paseos por el campo, pues olfatear e investigar el entorno le proporcionan un adecuado estímulo mental.

DATOS

ORIGEN: Argentina
ALTURA: 60-70 cm los machos y 60-65 cm las hembras
PESO: 40-45 kg los machos y 40-43 kg las hembras
LONGEVIDAD: 10-12 años

CARÁCTER Y SOCIABILIDAD: equilibrado, inteligente, sociable, cariñoso, activo y muy fiel; tendencia a morder si no está bien adiestrado.

APTITUDES: guardián y defensa, de compañía.

ALIMENTO Y EJERCICIO: su alimentación supone un gasto extra, ya que es un perro de gran tamaño. Los 2-3 paseos diarios deben completarse con juegos o salidas deportivas.

CUIDADOS DEL MANTO: cepillado varias veces a la semana.

SALUD: tendencia a intolerancias alimentarias, displasia de cadera, sordera hereditaria y quemaduras solares.

REQUERIMIENTOS ESPECIALES: soporta mal el frío y la exposición al sol.

CABEZA: muy poderosa, sin ángulos muy marcados, con la trufa de color negro. El cuello es ancho y musculoso.

OREJAS: de inserción lateral, forma triangular y semierectas.

OJOS: de forma almendrada y tamaño mediano, muy separados entre sí y de color oscuro o avellana.

COLA: de inserción media. Larga y gruesa, con forma de sable y que levanta cuando se excita.

SAN BERNARDO

Sin duda, es una de las razas más conocidas y populares por su protagonismo en numerosas historias de rescates y salvamentos de avalanchas en los Alpes. Se cuenta que uno de sus antepasados, de nombre Barry, participó en el salvamento de unas 40 personas en sus 14 años de vida, desde 1800 a 1814. Los ejemplares actuales son demasiados pesados y voluminosos para realizar tales hazañas.

DATOS BÁSICOS

ORIGEN: Suiza

ALTURA: 75-90 cm los machos y 50-80 cm las hembras

PESO: entre 68-91 kg

LONGEVIDAD: 8-10 años

Este gran coloso seduce a todos los amantes de los animales tanto que su imponente tamaño no ha sido obstáculo para que se convierta en uno de los perros de familia preferidos. Y es que su carácter bondadoso va parejo a su inmensa envergadura: tranquilo, equilibrado, paciente, cariñoso con todos y juguetón con los niños, muy obediente y fiel, extraordinariamente sensible y necesitado del contacto permanente con sus dueños. Por su instinto protector y vigilante, es muy buen perro guardián que solo con su presencia impone, ya que no suele ni ladrar ni morder. Pero, a pesar de todas estas espléndidas cualidades, hay que educarlo bien para controlar su enorme fuerza y su tozudez.

Otro aspecto importante de su adiestramiento es el paseo, ya que no existe ninguna persona que pueda competir en fuerza con uno de estos animales en estado adulto. Es importante que se acostumbre a salir con correa y a que no sea el perro el que saque a pasear al dueño. No necesita correr ni practicar deportes caninos, pero sí son obligatorios los paseos largos, ya que tiene cierta tendencia al sobrepeso.

En cuanto al manto, actualmente hay dos variedades de san bernardo, una de pelo largo y otra de pelo corto (como lo tenían los antecesores de esta raza). La más popular actualmente es la primera, con el pelo de largo medio y pegado al cuerpo, liso o ligeramente ondulado, pero no rizado ni crespo. En ambas variedades, la coloración puede ser de fondo blanco con manchas de tono marrón rojizo o de fondo marrón rojizo con manchas blancas. Según el estándar, siempre tienen que ser blancos el pecho, la nariz, el cuello, los pies y el extremo de la cola. Además, debe tener un collar blanco y una máscara oscura simétrica.

Alimentar a un gigante

Este es un capítulo importante tanto para la salud del animal como para la economía de su dueño, ya que los perros de este tamaño tienen un gran apetito y necesitan no solo un aporte equilibrado de nutrientes, sino también un tipo de alimentación o de suplementos alimentarios que proteja sus articulaciones. La cantidad y la composición de la dieta variarán en función de la edad y el peso del animal, su nivel de actividad física y su estado de salud. Como normal general, su ingesta diaria debe estar compuesta de 70 % de carne, 20 % de verduras y alrededor de 10 % de cereales. Dado que esta raza tiene tendencia al sobrepeso, habrá que limitar las golosinas y los *snacks*.

Hay que tener en cuenta que el san bernardo tiende a salivar mucho y manchará la ropa, los muebles y las tapicerías.

OREJAS: de inserción alta, tamaño medio y colgantes lateralmente.

OJOS: de tamaño mediano, tirando a pequeños, algo hundidos, situados hacia delante y de color pardo oscuro.

CABEZA: muy voluminosa y ancha. La piel forma arrugas muy visibles. Hocico más ancho que largo, con el labio superior colgante y papada. Dentadura potente.

CUERPO: robusto y musculoso, con cuello fuerte, espalda ancha y firme. Patas musculosas y rectas.

COLA: de inserción media, larga hasta el corvejón y muy peluda.

DATOS ESPECÍFICOS

CARÁCTER Y SOCIABILIDAD: inteligente, muy bueno y obediente, tranquilo, reflexivo, adiestrable y juguetón y afectuoso con los niños.

APTITUDES: antiguamente, de rescate y salvamento, hoy de guarda y compañía.

ALIMENTO Y EJERCICIO: elegir un pienso de calidad y protector para las articulaciones. La ración diaria debe partirse en varias tomas para evitar la distensión de estómago y otros problemas. Basta con 1 hora al día de ejercicio, procurando que no fuerce las articulaciones.

CUIDADOS DEL MANTO: la variedad de pelo largo requiere que todos los días se eliminen los pelos muertos con un peine de dientes anchos y un cepillo duro.

SALUD: bastante sano y resistente, aunque a veces presenta problemas oculares, quistes salivales y torsión de estómago.

REQUERIMIENTOS ESPECIALES: hay que mantener bien limpios los oídos y comprobar con regularidad los ojos para detectar cualquier tipo de infección, ya que son más frecuentes al tener los párpados caídos.

LEONBERGER

Se trata de una raza de creación relativamente reciente (1846), surgida del cruce entre animales san bernardo y terranova y el posterior retrocruzamiento con el perro de montaña de los Pirineos. Estuvo a punto de desaparecer durante la Primera Guerra Mundial debido a la hambruna en Europa, y aunque actualmente se ha recuperado su cría, todavía no es demasiado frecuente.

Perro grande, fuerte y musculoso con una característica anatómica muy peculiar y poco frecuente: tiene membranas interdigitales, lo que lo convierte en un buen nadador. A su destreza en el agua también ayuda que el manto sea doble e impermeable, con la capa superior de pelo bastante largo, áspero y ceñido al cuerpo, con algo de crin sobre el cuello y el pecho, y la capa inferior muy tupida.

Como animal de compañía se muestra muy equilibrado, con buen carácter, dócil, tranquilo, afectuoso y juguetón, especialmente con los niños. Y por su valentía e instinto protector también resulta un excelente perro guardián, aunque no es agresivo. El leonberger es un perro excelente para dueños sin experiencia, con la única condición de que le puedan dedicar mucho tiempo, ya que se entristece si se queda solo. Es un animal activo que precisa mucho ejercicio para mantenerse en forma. Le encantan los largos paseos en familia, corretear, nadar y jugar.

DATOS

ORIGEN: Alemania
ALTURA: 72-80 cm los machos y 65-75 cm las hembras
PESO: 34-50 kg los machos y 30-50 kg las hembras
LONGEVIDAD: 8-9 años

CARÁCTER Y SOCIABILIDAD: equilibrado, activo, afectuoso, amistoso con los niños.

APTITUDES: guardián, de salvamento en el agua, de compañía, de terapia.

ALIMENTO Y EJERCICIO: conviene que tome piensos que fortalezcan las articulaciones. Necesita unas 2 horas ejercicio diario.

CUIDADOS DEL MANTO: cepillado 2-3 veces por semana.

SALUD: tendencia a padecer displasia de cadera y codo y trastornos oculares hereditarios.

REQUERIMIENTOS ESPECIALES: necesita que se lo adiestre, pero aprende con rapidez y es muy obediente.

CABEZA: proporcionalmente grande, más larga que ancha, con labios no caídos y la trufa negra.

OJOS: de tamaño mediano y color marrón, con expresión dulce y atenta.

OREJAS: anchas, de inserción alta, forma redondeada y colgantes hacia delante.

COLA: con un gran penacho de pelos entre los que se intercalan algunos más oscuros.

PERRO DE MONTAÑA DE LOS PIRINEOS

Esta raza ha nacido para vivir en la montaña y en espacios abiertos. Tradicionalmente se ha empleado para cuidar y proteger los rebaños y el ganado y para el salvamento de personas atrapadas en aludes. Si se desea acogerlo como animal de compañía, es imprescindible disponer de mucho espacio y ser un dueño experimentado.

DATOS

ORIGEN: Francia
ALTURA: 70-80 cm los machos y 65-75 cm las hembras
PESO: entre 45-65 kg
LONGEVIDAD: 10-12 años

CARÁCTER Y SOCIABILIDAD: obediente, afectuoso, paciente, fiel y trabajador.

APTITUDES: de guarda, salvamento, pastor.

ALIMENTO Y EJERCICIO: conviene que tome piensos que fortalezcan sus articulaciones. Es poco deportista, pero debe pasear diariamente.

CUIDADOS DEL MANTO: cepillado 1-2 veces por semana y más a menudo en época de muda.

SALUD: en general, bastante buena.

REQUERIMIENTOS ESPECIALES: imprescindible el adiestramiento por alguien experimentado.

De nuevo nos encontramos ante otro gigante de aspecto imponente, una impresión que aún se acentúa más por su manto formado por dos capas de pelo grueso que lo protegen muy bien de las condiciones atmosféricas más desfavorables.

Si se dispone de suficiente espacio, este perro se adapta con facilidad a la vida familiar. Es muy cariñoso con los niños y suele desarrollar un apego especial con uno de los miembros de la familia. No obstante, también hay que tener en cuenta que es muy independiente, tozudo y extremadamente territorial, por lo que no tolera bien ni a los desconocidos ni a otros perros o mascotas. Esto lo convierte en un excelente perro guardián. Es muy ladrador y su carácter independiente lo hace proclive a las escapadas.

CABEZA: tan ancha como larga, con forma de V y un aspecto que recuerda a la de un oso. El hocico es ancho y ligeramente puntiagudo y la trufa negra.

OREJAS: de forma triangular, pequeñas y caídas hacia delante, pero las eleva un poco cuando está en acción.

OJOS: dispuestos oblicuamente en la cabeza, de color oscuro y expresión dulce.

COLA: recubierta de un pelo muy tupido, suele llevarla caída cuando está en reposo y encorvada sobre el lomo cuando se pone alerta.

TERRANOVA

Una niñera de tamaño gigantesco. Esa frase define bien las dos principales características de esta raza: su temperamento excepcionalmente bonachón y sus enormes dimensiones. Todavía conserva la fuerza y la resistencia a la intemperie de sus antepasados y mantiene su gusto por la natación, una actividad en la que se muestra particularmente hábil.

DATOS BÁSICOS

ORIGEN: Canadá
ALTURA: 69-74 cm los machos y 63-69 cm las hembras
PESO: 60-100 kg los machos y 45-55 kg las hembras
LONGEVIDAD: 8-10 años

El terranova es uno de los perros más mansos, sociables y cariñosos que pueden encontrarse. Jamás pierde la calma, ni siquiera con los juegos de los niños, a los que suele unirse con entusiasmo y extraordinaria delicadeza para no hacerles daño. Necesita que toda la familia lo mime y lo quiera, y él corresponde con fidelidad y afecto. Nunca se muestra hostil o agresivo, ni siquiera con los desconocidos. Solo ladra ocasionalmente y no muerde, pero sí tiene instinto protector y es valiente.

Aunque no es un perro especialmente activo, necesita al menos una hora de ejercicio diario, preferiblemente paseos por el campo y, si es posible, lugares donde pueda nadar (el agua es su gran pasión). No le importa el frío, la lluvia ni el oleaje más bravo; si ve una masa de agua, se lanzará sin pensarlo a darse un baño. No en vano, esta raza se ha utilizado con gran éxito en tareas de salvamento acuático. Por el contrario, es muy sensible al sol, ya que en su origen estaba acostumbrado al clima riguroso de la isla canadiense de Terranova, así que conviene que en verano se le proporcione un lugar de descanso bien sombreado.

Por supuesto, no es un perro apropiado para vivir en la ciudad y se sentirá feliz con familias que tengan un estilo de vida activo y dinámico, que lo saquen a realizar actividades al aire libre. También es imprescindible que estén dispuestas a soportar las incomodidades, en cuanto a la limpieza del hogar, que supone convivir con esta enorme bola de pelo que no solo los va soltando por toda la casa y la ropa, sino que también babea y salpica mucho cuando bebe agua.

Manto impermeable

El pelo del terranova repele el agua y es de doble capa, con una interior muy gruesa y suave, especialmente densa en invierno, y una exterior lisa y larga (excepto en la cabeza, las orejas y el hocico, donde es más corta). En cuanto al color, los estándares de raza permiten tres: negro, marrón (desde los tonos chocolate a los broncíneos) y blanco y negro. En los ejemplares negros y marrones se permiten manchas blancas en el pecho, los dedos y el extremo de la cola.

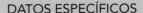

Como antiguo perro costero, el agua es un elemento natural para el terranova. Le encanta bañarse y nadar, pero conviene adiestrarlo para que no «nos salve» cuando compartamos con él ese placer acuático.

DATOS ESPECÍFICOS

CARÁCTER Y SOCIABILIDAD: inteligente, equilibrado, muy paciente y generoso, cariñoso, fiel, valiente, extraordinariamente afectuoso con los niños, adiestrable.

APTITUDES: de vigilancia, rescate en agua, de compañía y terapia.

ALIMENTO Y EJERCICIO: dieta rica en proteínas (alrededor del 70 %), con un 20-30 % de frutas y verduras y muy pocos cereales. Necesita diariamente 1 hora de ejercicio físico, preferiblemente paseos y natación.

CUIDADOS DEL MANTO: cepillarlo todos los días con cepillos especiales, nunca con peine (que puede arrancarle pelo sano y hacerle daño).

SALUD: como todos los perros grandes y de crecimiento rápido, es propenso a padecer displasia de cadera y codo. También puede tener cardiopatías y cáncer de huesos.

REQUERIMIENTOS ESPECIALES: vigilar y cuidar regularmente la limpieza de ojos y oídos. Para la higiene dental son aconsejables los huesos para masticar.

CABEZA: maciza y ancha, con el hocico cuadrado y moderadamente corto. Trufa castaña o negra, dependiendo del color del manto.

OREJAS: pequeñas y triangulares, con los bordes redondeados. Caen pegadas a la cabeza.

OJOS: bien separados, un poco hundidos, pequeños y de color oscuro.

CUERPO: compacto, más largo que alto, con la espalda y el pecho amplios, el lomo fuerte y la grupa inclinada.

COLA: larga, nunca enroscada sobre el lomo ni curvada entre las patas.

DATOS

ORIGEN: Suiza
ALTURA: 64-70 cm los machos y 58-66 cm las hembras
PESO: 38-50 kg los machos y 36-48 kg las hembras
LONGEVIDAD: 6-8 años

CARÁCTER Y SOCIABILIDAD: muy inteligente, enérgico, impetuoso, vigilante, no mordedor, adiestrable, fiel, cariñoso con su dueño.

APTITUDES: guardián, pastor, policía, de compañía.

ALIMENTO Y EJERCICIO: conviene que tome piensos de calidad que fortalezcan las articulaciones. Al menos 1 hora diaria de ejercicio.

CUIDADOS DEL MANTO: debe cepillarse cada día para evitar que su largo pelo se enrede.

SALUD: tendencia a padecer displasia de cadera y algunos tipos de cáncer.

REQUERIMIENTOS ESPECIALES: necesita adiestramiento básico y socialización.

BOYERO O BOUVIER DE BERNA

La innegable belleza y elegancia de esta raza suiza y su comportamiento afable con las personas ha hecho que sus orígenes como perro boyero y de trabajo queden algo relegados al convertirse en uno de los animales de compañía más populares del mundo, pero no se debe olvidar que donde mejor se encuentra es rodeado de naturaleza.

De apariencia fuerte y musculosa, aspecto atractivo y carácter bondadoso y cariñoso, el boyero de Berna tiene todas las cualidades que se buscan en un animal de compañía. Es un perro simpático, paciente y bueno, muy fiel, leal y apegado a sus dueños, juguetón y de excelente trato con los niños, a los que tolera gritos y travesuras. Debido a sus orígenes, también tiene instinto guardián, pero no es mordedor y tampoco atacará a los desconocidos.

Antes de adquirir un perro de esta raza, hay que tener en cuenta que es grande y no se adapta bien a vivir encerrado en un piso, pues le encanta la naturaleza y necesita pasear y correr para quemar su energía. Se desaconsejan los deportes caninos, ya que los movimientos bruscos o demasiado rápidos son poco compatibles con su gran tamaño.

La alimentación es otro aspecto al que se debe prestar especial atención, pues si no se proporciona al perro la oportunidad de hacer suficiente ejercicio, tiende al sobrepeso, con los problemas articulares y de otro tipo que eso conlleva.

CABEZA: corta y maciza, con un hocico fuerte y de mediana longitud y la trufa de color negro.

OREJAS: de inserción alta, tamaño mediano, levemente redondeadas y caídas.

OJOS: de forma almendrada, color pardo oscuro y mirada vivaz.

COLA: recta, bien cubierta de pelo, ligeramente caída y sin enroscar.

GRAN BOYERO SUIZO

Si hubiera que resumir su esencia en una sola frase, esta sería «el perro que nunca duerme». Efectivamente, es un animal que permanece atento y vigilante ante cualquier ruido o movimiento extraño, ya sea de día o de noche. No en vano históricamente se ha dedicado a la guía y guarda del ganado y a la protección de las granjas, además de desempeñarse como perro de defensa y de arrastre de trineos.

Este perro, el más grande de las cuatro razas de boyeros suizos que existen, solo necesita una cosa para ser feliz: espacio para correr. Si lo tiene, se convertirá en un animal de compañía amable, atento y cariñoso, muy apegado a sus dueños, juguetón y paciente con los niños. También es muy inteligente, por lo que aprende rápido. Permanece siempre en actitud vigilante, una cualidad que lo hace un magnífico guardián, aunque no es agresivo ni mordedor por naturaleza. Pero hay que estar atento a su instinto protector, ya que si hay niños en la familia, es probable que intente «defenderlos» de sus amigos si no los conoce. Como defecto hay que señalar que tiene un carácter muy fuerte y algo testarudo.

Su apariencia es la de un animal grande, bien proporcionado y robusto, pero sin llegar a parecer pesado. El manto está formado por una doble capa con una interior espesa y lanosa y una exterior de pelo duro y áspero de menos de 5 cm de longitud. Su pelaje combina un fondo negro con manchas simétricas blancas y rojo herrumbre.

DATOS

ORIGEN: Suiza
ALTURA: 65-72 cm los machos y 60-68 cm las hembras
PESO: 60-70 kg los machos y 50-60 kg las hembras
LONGEVIDAD: 10-11 años

CARÁCTER Y SOCIABILIDAD: inteligente, valeroso, vigilante, equilibrado, obediente, muy fiel, amistoso con los niños.

APTITUDES: guardián, pastor y de compañía.

ALIMENTO Y EJERCICIO: conviene que tome piensos que fortalezcan las articulaciones. Necesita un mínimo de 1 hora de ejercicio diario.

CUIDADOS DEL MANTO: basta con un cepillado con un guante de goma 1 vez a la semana.

SALUD: en general, buena.

REQUERIMIENTOS ESPECIALES: limpiarle periódicamente orejas, ojos y dientes y cortarle las uñas.

CABEZA: muy poderosa, sin ángulos muy marcados, con la trufa de color negro. El cuello es ancho y musculoso.

OREJAS: de inserción alta, forma triangular y caídas hacia delante.

OJOS: de tamaño mediano, color entre avellana y castaño, con una mirada atenta e inteligente.

COLA: de porte bajo, bastante larga, nunca enrollada, que llega hasta el corvejón.

TERRIERS

Esta categoría incluye un nutrido grupo de razas procedentes en su mayoría de Gran Bretaña e Irlanda que fueron seleccionadas en principio para la caza de ratas, conejos, zorros y, en el caso de las más grandes, tejones. En general, los terriers suelen ser animales muy enérgicos, inquietos y decididos. El grupo se subdivide en cuatro secciones según el tamaño y la función de la raza.

FOX TERRIER DE PELO DURO
Altura: no superior a 39-37 cm.
Aptitudes: alegre, simpático, activo, celoso, cariñoso con los niños.

CAIRN TERRIER
Altura: entre 22 y 33 cm.
Aptitudes: sociable y cariñoso, muy vivaz.

AIREDALE TERRIER
Altura: alrededor de 60 cm.
Aptitudes: muy activo y juguetón. De rastreo y compañía.

FOX TERRIER DE PELO LISO
Altura: entre 35 y 45 cm.
Aptitudes: valiente, alegre y amistoso con las personas.

JACK RUSSEL TERRIER
Altura: máximo 35 cm.
Aptitudes: inteligente, valiente, muy cariñoso con los dueños.

MANCHESTER TERRIER
Altura: 41 cm (macho) y 38 cm (hembra).
Aptitudes: activo, con ganas de aprender y adiestrable. Buen perro familiar y con los niños.

BULL TERRIER
Altura: hasta 55 cm.
Aptitudes: dominante y testarudo, necesita socialización.

NORWICH TERRIER
Altura: alrededor de 25 cm (uno de los más pequeños del grupo de los terrier).
Aptitudes: bueno, leal y juguetón.

SCOTTISH TERRIER
Altura: hasta 28 cm.
Aptitudes: inteligente, leal y cariñoso. De caza y compañía.

WEST HIGHLAND WHITE TERRIER
Altura: máximo 30 cm.
Aptitudes: atrevido, alegre y juguetón.

YORKSHIRE TERRIER
Altura: alrededor de 25 cm.
Aptitudes: vivaz, atento, muy cariñoso con la familia, desconfiado con extraños, poco sociable con otros animales.

IRISH SOFT COATED WHEATEN TERRIER
Altura: alrededor de 45 cm.
Aptitudes: obediente, equilibrado, alegre, juguetón, pero posesivo con los dueños.

BEDLINGTON TERRIER
Altura: no superior a 44 cm.
Aptitudes: afectuoso, equilibrado, bueno con los niños.

AIREDALE TERRIER

Es el más grande de los terriers y una las razas que utilizó el ejército inglés durante la Primera Guerra Mundial como enlace de los servicios de información, pues su agilidad y carácter infatigable le permitían colarse por las trincheras. Y aunque no es un perro de ataque, su temple es muy similar al del pastor alemán y al del beauceron. En definitiva, un animal muy activo y con una personalidad especial.

DATOS BÁSICOS

ORIGEN: Gran Bretaña
ALTURA: 58-61 cm los machos y 56-59 cm las hembras
PESO: 23-25 kg los machos y 18-20 kg las hembras
LONGEVIDAD: 10-12 años

Su dinamismo, la expresión abierta y de mirada atenta y su aspecto noble entusiasman a todo el mundo, pero este perro no resulta apropiado para cualquier familia.

La primera condición que se debe cumplir es disponer de mucho tiempo para dedicarlo a jugar con él, pasear de forma activa, realizar excursiones o llevarlo a centros donde se practiquen deportes caninos. El airedale siempre estará dispuesto a aprender e iniciar cualquier aventura que le suponga un reto físico o mental, ya que tiene un carácter muy activo e intrépido. Es un perfecto acompañante para correr o para los paseos en bicicleta.

La segunda condición es proporcionarle un adiestramiento adecuado, pues se trata de un animal muy temperamental y predispuesto a la dominancia. Hay que mostrarle firmeza, pero sin violencia. Estimularlo con ejercicios lúdicos es la vía para disfrutar de un perro alegre, amigable y simpático, apegado a sus dueños, que se divertirá y siempre estará deseoso de cariño. Con los niños establece un vínculo muy cercano compartiendo sus juegos, y también protegiéndolos, aunque no sea un perro de defensa.

Con otros perros puede sacar su carácter dominante si no se ha socializado bien desde cachorro y no conviene que conviva con mascotas como gatos, conejos o cobayas, pues es un animal con un instinto cazador muy marcado.

Los cuidados de peluquería

El manto del airedale es doble, con una capa interna de un subpelo corto, tupido y suave y otra externa de pelo denso y áspero denominado pelo de alambre (algo ondulado, nunca rizado ni liso). Esta estructura le proporciona una buena protección contra el agua, el viento y el frío. La única combinación de color aceptada es la de negro por toda la parte dorsal, desde el cuello hasta la nuca, y el color fuego (castaño) en el resto del cuerpo.

Este tipo de manto requiere de cuidados continuos para que mantenga su brillo y su color y que no luzca desgreñado.

A partir de los seis meses de edad, el pelo debe esquilarse unas tres o cuatro veces al año y, teniendo en cuenta que esquilarle todo el cuerpo es una tarea que puede llevar entre tres y cuatro horas (demasiado tiempo para que el perro se esté quieto), quizá sea más práctico cortarle solo una parte cada cuatro semanas. En cualquier caso, es una práctica indispensable.

La naturaleza abierta y simpática del airedale, unida a su dinamismo y propensión al juego, lo convierte en un perro de familia con quien todos se divertirán.

DATOS ESPECÍFICOS

CABEZA: de forma alargada, con la bóveda craneal plana; el hocico acaba en una barba muy marcada.

CUERPO: musculoso y compacto, con un cuello de longitud y anchura moderadas.

CARÁCTER Y SOCIABILIDAD: inteligente, muy activo, aventurero, divertido, juguetón, dominante, adiestrable, protector.

APTITUDES: de rastreo, de compañía.

ALIMENTO Y EJERCICIO: si no practica suficiente deporte, puede mostrar tendencia al sobrepeso, por lo que conviene elegir un pienso de calidad y seguir las pautas indicadas por el veterinario. Diariamente necesita muchísima actividad física y mental.

CUIDADOS DEL MANTO: necesita atención especial, como el esquilado periódico.

SALUD: no tiene tendencia a padecer enfermedades graves, aunque conviene que el veterinario realice los controles periódicos.

REQUERIMIENTOS ESPECIALES: es imprescindible el adiestramiento para que la convivencia con esta raza sea agradable. Es bastante sensible al calor.

OJOS: de pequeño tamaño, color oscuro y mirada muy viva.

OREJAS: pequeñas, en forma de V y replegadas hacia delante.

COLA: de inserción alta, fuerte y de porte vertical.

DATOS

ORIGEN: Irlanda
ALTURA: 46-48 cm los machos y 43-46 cm las hembras
PESO: 16-18 kg los machos y 14-16 kg las hembras
LONGEVIDAD: 12-15 años

CARÁCTER Y SOCIABILIDAD: inteligente, equilibrado, alegre, extrovertido, juguetón, posesivo con sus dueños.

APTITUDES: de compañía, guardián, cazador.

ALIMENTO Y EJERCICIO: un pienso de calidad complementado 1 vez a la semana con 1 huevo o 1 cucharada de levadura de cerveza y aceite de girasol o maíz. Muy activo, necesita un mínimo de 1 hora diaria de ejercicio.

CUIDADOS DEL MANTO: cepillado diario y visita 3-4 veces al año a una peluquería canina.

SALUD: trastornos de riñón, problemas gastrointestinales y alergias en la piel.

REQUERIMIENTOS ESPECIALES: adiestramiento con refuerzo positivo.

IRISH SOFT COATED WHEATEN TERRIER

Su nombre inglés significa, «terrier irlandés de pelo suave color de trigo», y hace referencia al manto tan característico de este perro, uno de los más grandes de su grupo, aunque su talla es media según los estándares. Es un magnífico perro de familia, cariñoso, enérgico y todoterreno, que se adapta bien a vivir en un piso, pero que odia la soledad.

Se trata de una de las razas más apropiadas como animal de compañía, se entrena con mucha facilidad, es muy amistoso y juguetón, alegre, extrovertido, apegado a sus dueños y feliz con los niños (incluso participa en sus travesuras), sociable, inteligente, con buena salud, no ladra mucho y pierde poco pelo, por lo que es muy bien tolerado por las personas con alergia. También, como buen terrier, es valiente y, aunque menos agresivo que sus compañeros de grupo, puede defender a la familia si es necesario. Suele estar alerta y avisa de cualquier ruido o movimiento extraño, por lo que resulta un perro de guarda muy eficaz.

Solo se le pueden poner dos peros: odia quedarse solo y exige una educación adecuada para controlar su fuerte instinto de protección.

COLA: no muy gruesa y siempre en posición erguida.

CABEZA: larga y bien proporcionada con el cuerpo, la nariz grande y de color negro.

OREJAS: son de tamaño mediano y siempre caídas hacia delante.

OJOS: no son muy grandes ni salientes, de color avellana.

MANCHESTER TERRIER

Esta raza de aspecto tan parecido al dóberman, aunque sin parentesco con él, es el resultado del cruce entre el black and tan terrier y el pequeño lebrel italiano. Se trata de un perro pequeño, de apariencia elegante, compacta y robusta.

Este perro es un excelente animal de compañía, dócil, alegre, divertido, cariñoso y extraordinariamente fiel. Además, aprende con gran facilidad, aunque, como todos los terrier, también muestra bastante temperamento y terquedad.

Con otros perros suele mostrarse dominante y con los gatos puede convivir si se ha socializado bien desde cachorro, pero con otras mascotas de pequeño tamaño conviene tener precaución, porque el instinto de este terrier es darles caza. Su actitud vigilante lo convierte en un buen perro guardián, pues desconfía de los extraños, a los que no duda en espantar con sus ladridos.

Es un animal que necesita ejercicio intenso. Correr es una de sus actividades favoritas, aunque hay que tener en cuenta que tiene tendencia a escaparse para investigar y perseguir pequeños animales.

COLA: delgada, no demasiado larga, llega hasta el corvejón.

CABEZA: en forma de cono, con las mandíbulas que se van adelgazando poco a poco hacia el hocico. Mordida en tijera. Trufa negra y ancha.

OREJAS: con forma de V (base ancha y extremos en punta), pequeñas, plegadas.

OJOS: de pequeño tamaño y forma almendrada.

DATOS

ORIGEN: Gran Bretaña
ALTURA: 41 cm los machos y 38 cm las hembras
PESO: 8 kg los machos y 7,7 kg las hembras
LONGEVIDAD: 14-16 años

CARÁCTER Y SOCIABILIDAD: muy inteligente y deseoso de aprender, activo, fiel, adiestrable, amistoso con sus dueños, amable con los niños y muy juguetón.

APTITUDES: guardián, cazador y de compañía.

ALIMENTO Y EJERCICIO: unos 100 g de carne con 100 g de verduras diariamente. Es un animal muy activo que necesita bastante ejercicio.

CUIDADOS DEL MANTO: cepillado semanal con un cepillo de goma o una gamuza especial para abrillantar el pelo.

SALUD: en general, bastante saludable.

REQUERIMIENTOS ESPECIALES: necesita mucha dedicación y compañía de su dueño, que además debe estar dispuesto a compartir con él una gran actividad física.

DATOS

ORIGEN: Gran Bretaña
ALTURA: entre 35 y 45 cm
PESO: 7,3-8,2 kg los machos y
6,8-7,7 kg las hembras
LONGEVIDAD: 12-14 años

CARÁCTER Y SOCIABILIDAD:
inteligente, intrépido, sin miedo,
bullicioso, simpático, alegre,
amistoso con los niños y belicoso
con otros animales.

APTITUDES: de madriguera,
guardián y de compañía.

ALIMENTO Y EJERCICIO: pienso
de calidad o prepararle su ración
diaria con 250 g de carne y añadir
arroz y verduras. Necesita mucho
ejercicio diario, como mínimo 1
hora, además de los paseos.

CUIDADOS DEL MANTO:
cepillado semanal y corte de pelo
anual.

SALUD: en general, muy sano.

REQUERIMIENTOS ESPECIALES:
imprescindible la socialización
temprana y el adiestramiento
en obediencia, siempre con
refuerzos
positivos.

FOX TERRIER DE PELO LISO

La palabra inglesa *fox* significa «zorro». Incluirla en el nombre de esta raza deja en evidencia la finalidad para la que se creó: encontrar y cazar zorros. Este terrier es uno de los perros de madriguera más antiguos que existen, aunque en la actualidad ese uso apenas perdura y solo se conoce como animal de compañía.

Un torbellino de energía. Así puede definirse un fox terrier. Un torbellino alegre, simpático, cariñoso y vivaz, inteligente, curioso y sin temor a nada. Este temperamento hiperactivo solo resulta apropiado para personas con un estilo de vida muy dinámico, que estén dispuestas a satisfacer sus elevadas necesidades de actividad física y mental. Si se cumplen esos requisitos, el fox terrier puede convertirse en un magnífico compañero, entusiasta y muy apegado a sus dueños, aunque a veces es tan acaparador que llega a mostrarse celoso. Con los niños es cariñoso y se suma a sus juegos con gran placer, pero cuidado, porque no soporta el trato brusco que en ocasiones muestran los más pequeños. Tampoco es amable con otros perros y mascotas, con los que saca el lado más pendenciero y belicoso de su carácter.

Antes de adquirir un perro de esta raza conviene tener en cuenta, además de sus elevados requerimientos de ejercicio, que es un animal muy bullicioso y ladrador. Como contrapartida, esta característica lo convierte en un buen guardián.

CABEZA: plana y estrecha. El hocico se va afilando progresivamente hacia la punta. La trufa es negra.

COLA: musculosa y erecta, nunca enroscada.

OJOS: de pequeño tamaño, redondos, color oscuro y mirada muy vivaz.

OREJAS: pequeñas, en forma de V y plegadas hacia delante.

FOX TERRIER DE PELO DURO

Aunque en un principio se consideró que el fox terrier de pelo duro o pelo de alambre, como también se conoce, pertenecía a la misma raza que el de pelo liso, hacia 1980 se estimó que, aunque estrechamente emparentados, pertenecían a razas diferentes, ya que procedían de cruces distintos.

Más popular que su pariente de pelo liso, la diferencia más evidente que separa a ambos es el aspecto del manto, que en este caso debe ser denso, hirsuto, áspero y compacto, no excesivamente rizado. Su longitud y densidad varía en las distintas partes del cuerpo: en los hombros es corto y no suele superar los 2 cm, mientras en la región de la cruz puede llegar a alcanzar una longitud de 4 cm; también es más largo en los maxilares, donde se muestra crespo y forma la característica barba de esta raza. La espalda, el pecho y las extremidades posteriores cuentan con una capa inferior de pelo más suave.

Aunque su carácter es muy similar al de su pariente, es decir, extraordinariamente activo y extrovertido, este se muestra más juguetón y amistoso con las personas, pero exige mucha compañía. No es buena idea dejar a este perro solo durante largo tiempo, pues se pondrá a ladrar escandalosamente, a destrozar los muebles o cualquier cosa que encuentre o a convertir el jardín en un campo de hoyos a base de excavar incansablemente.

OJOS: redondos, ligeramente pequeños, de color oscuro y mirada inteligente.

CABEZA: casi de la misma longitud que el hocico, cubierta de pelo crespo y con una barba muy característica.

OREJAS: pequeñas, en forma de V y caídas ligeramente hacia las mejillas.

COLA: de inserción alta y porte erecto, nunca caída sobre el lomo.

DATOS

ORIGEN: Gran Bretaña
ALTURA: máximo 39 cm los machos y algo menos las hembras
PESO: entre 3 y 10 kg
LONGEVIDAD: 12-14 años

CARÁCTER Y SOCIABILIDAD: inteligente, activo, siempre alerta, intrépido, extrovertido, amistoso, muy fiel, dominante.

APTITUDES: de madriguera, guardián y de compañía.

ALIMENTO Y EJERCICIO: pienso de calidad para perros pequeños. Necesita mucho ejercicio diario, como mínimo 1 hora, además de los paseos habituales.

CUIDADOS DEL MANTO: cepillado y peinado cada 2 días y visitas periódicas a la peluquería canina.

SALUD: en general es muy sano.

REQUERIMIENTOS ESPECIALES: imprescindible la socialización temprana y un adiestramiento en obediencia, siempre con refuerzos positivos.

JACK RUSSELL TERRIER

Esta raza la creó en el siglo XIX el pastor anglicano John «Jack» Russell, un gran aficionado a la caza del zorro, pero se acabó de desarrollar en Australia y su reconocimiento oficial se produjo en el año 2000. Aunque todavía se sigue empleando para la caza de zorros, tejones y marmotas, su principal utilidad es como animal de compañía.

DATOS BÁSICOS

ORIGEN: Gran Bretaña

ALTURA: entre 15 y 35 cm

PESO: entre 3 y 10 kg

LONGEVIDAD: 13-16 años

Este perro musculoso, pequeño y ágil, con patas cortas y carácter extrovertido y bullicioso es feliz si puede pasar el día corriendo, olfateando y descubriendo «tesoros» al aire libre. Precisamente esa elevada necesidad de ejercicio es uno de los principales datos a tener en cuenta si se va a adquirir un ejemplar de esta raza. También es importante estar dispuesto a educarlo con firmeza, pero cariñosamente, porque, como todos los terriers, es un animal inteligente, con ideas propias y un fuerte instinto cazador. Bien educado y socializado se convierte en un compañero adorable, amable, alegre, divertido y juguetón, un trabajador incansable y con una voluntad de hierro. Se lleva extraordinariamente bien con los niños, aunque si estos son muy pequeños habrá que vigilarlo debido a su exceso de energía y a que no tolera bien el trato inadecuado que a veces pueden darle

los chiquillos. Normalmente hace buenas migas con otros perros, pero ante los gatos y las mascotas pequeñas es muy probable que se despierte su instinto cazador. Si hay que ponerle algún otro inconveniente es que ladra mucho, pero eso también lo convierte en un excelente guardián.

Este perro se adapta a vivir tanto en apartamentos como en casas grandes, siempre y cuando se le proporcionen las salidas y el ejercicio que requiere para gastar su enorme energía. Hay que insistir en este aspecto porque si el perro se aburre, buscará algún «entretenimiento» (normalmente mordiendo los muebles o excavando en el jardín). Además, el ejercicio es muy beneficioso para evitar el sobrepeso, un problema que suele afectar a esta raza.

Un color inconfundible

Otra de las características de esta raza es el color de su pelaje, con el blanco como tono dominante, al que se añaden marcas o manchas negras, marrones o leonadas. Aunque estas manchas pueden aparecer en cualquier lugar del cuerpo, son más habituales en el rostro formando una máscara muy característica. En cuanto al tipo de pelo, se distinguen dos variantes de esta raza, una de pelo corto y duro, que es la más extendida, y otra de pelo liso o semiduro. Hay que tener en cuenta que estos últimos pierden más pelo, por lo que el peinado y cepillado deberá ser más frecuente que en los de pelo duro.

Este terrier tiene una energía inagotable. Por eso, además de largos paseos y carreras, se entusiasma con los deportes caninos y los juegos que impliquen destreza y habilidad.

OJOS: pequeños, ligeramente hundidos, de forma almendrada y color oscuro, con el borde negro.

CABEZA: mandíbula profunda y fuerte, hocico ligeramente ancho y afilado, con la trufa y los labios de color negro.

COLA: erguida cuando corretea y caída si está tranquilo.

OREJAS: anchas, largas, en forma de V y caídas o semicaídas hacia delante.

CUERPO: en general, fuerte y musculoso, tronco ligeramente alargado, patas cortas; las delanteras muy rectas.

DATOS ESPECÍFICOS

CARÁCTER Y SOCIABILIDAD: inteligente, animado, festivo, valiente, siempre alerta, obediente, muy apegado a su dueño, amistoso con los niños.

APTITUDES: de caza en madriguera, compañía.

ALIMENTO Y EJERCICIO: dieta de un 70 % de carne y alto aporte energético. Es un animal muy enérgico y vital, que necesita 1 hora diaria de ejercicio activo, además de los paseos habituales.

CUIDADOS DEL MANTO: cepillado 2 veces a la semana.

SALUD: en general, buena, aunque puede padecer enfermedades neurológicas y alergias.

REQUERIMIENTOS ESPECIALES: es imprescindible el adiestramiento canino impartido por alguien con experiencia. Sin ese adiestramiento desde cachorro, el perro adulto será muy difícil de controlar.

DATOS

ORIGEN: Gran Bretaña (Escocia)
ALTURA: 25-33 cm los machos y 23-30 cm las hembras
PESO: entre 6 y 8 kg
LONGEVIDAD: 12-15 años

CARÁCTER Y SOCIABILIDAD: alegre, divertido, simpático, cariñoso, sociable, vivaz, inteligente, adiestrable.

APTITUDES: de caza en madriguera, compañía.

ALIMENTO Y EJERCICIO: elegir un buen pienso para perros pequeños y procurar que coma poco, pero a menudo. Es un animal muy activo que necesita al menos una hora diaria de ejercicio.

CUIDADOS DEL MANTO: cepillado y peinado 1 vez a la semana.

SALUD: tendencia a la displasia de cadera y codo y a problemas oculares hereditarios.

REQUERIMIENTOS ESPECIALES: cada cierto tiempo se le debe cortar el pelo de las cejas y las orejas usando tijeras de punta roma.

CAIRN TERRIER

Esta raza recibe su nombre de los *cairn* o montículos de rocas que se colocaban en Escocia para marcar los límites de las propiedades. Esas rocas eran los escondites favoritos de zorros y otros animales, y este pequeño perro se creó para que se introdujera en esos huecos angostos y diera caza a los intrusos. Hoy en día es un apreciado perro de compañía.

Tiene una constitución muy fuerte, musculosa y compacta (sin llegar a parecer pesado). Llama la atención su audacia y confianza en sí mismo, que nunca desemboca en agresividad si se ha socializado convenientemente. Esa socialización también resulta imprescindible para que se muestre amistoso con los niños y participe en sus juegos, así como para que acepte a otros perros sin pelearse. La convivencia con gatos y otras mascotas suele ser más complicada, al menos mientras el perro es joven, ya que tendrá tendencia a darles caza.

Es un animal de carácter fuerte, independiente y algo tozudo, aunque si se educa bien, resulta un compañero perfecto, alegre y divertido. Eso sí, necesita mucha compañía; si le falta, puede desarrollar comportamientos destructivos o ladrar en exceso. Lo que no podrá evitarse ni con adiestramiento es su tendencia a cavar, algo que convendrá tener en cuenta si se vive en una casa con jardín.

CABEZA: ancha y robusta, con hocico potente pero no pesado, mandíbulas fuertes y mordida en tijera. Trufa negra.

OJOS: algo hundidos, de tamaño mediano y color avellana oscuro. Cejas pobladas.

COLA: de inserción media, corta longitud y movimiento alegre. Nunca sobre el lomo.

OREJAS: erguidas y pequeñas, terminadas en punta.

BEDLINGTON TERRIER

Raza fácilmente reconocible porque su aspecto recuerda al de una oveja blanca y esponjosa. Sin embargo, no hay que dejarse engañar por esa primera impresión, ya que bajo esa apariencia de adorable peluche se esconde un perro inteligente y astuto, un magnífico cazador, valiente y audaz.

El bedlington es un perro inteligente, tenaz y muy valiente. En familia, se muestra cariñoso y tranquilo incluso con los niños, a los que se suele unir en sus juegos. Sin embargo, de cachorro suele ser desafiante, irritable y extraordinariamente activo. Por ello, se requiere paciencia y constancia para educarlo, pero aprende rápido. Con otros perros, especialmente si los dos son machos, puede plantear problemas porque es muy territorial y una vez que se enfada resulta difícil de calmar. También su fuerte instinto cazador puede ocasionar algún disgusto si no se lo ha socializado convenientemente desde cachorro.

La característica que más llama la atención de esta raza es su pelaje denso, largo y algodonoso, ligeramente rizado o ensortijado, sobre todo en la cabeza y el extremo de las orejas. Mantener en buenas condiciones este tipo de manto requiere algo de dedicación. Lo ideal es peinarlo o cepillarlo dos veces al día durante cinco minutos y llevarlo cada dos meses a una peluquería canina para que se lo recorten. La buena noticia es que apenas suelta pelo en casa.

DATOS

ORIGEN: Gran Bretaña

ALTURA: 41-44 cm los machos y 38-42 cm las hembras

PESO: entre 7,7 y 10 kg

LONGEVIDAD: 10-14 años

CARÁCTER Y SOCIABILIDAD: inteligente, equilibrado, valiente, afectuoso, amistoso con los niños.

APTITUDES: de caza en madrigueras, compañía.

ALIMENTO Y EJERCICIO: pienso de calidad. Necesita 1 hora diaria de ejercicio activo, como correr y saltar, y también suficiente estimulación mental (por ejemplo, juegos de búsqueda).

CUIDADOS DEL MANTO: cepillar y peinar 2 veces al día.

SALUD: el mayor riesgo es una enfermedad hepática hereditaria.

REQUERIMIENTOS ESPECIALES: cortar las uñas periódicamente porque a veces no se desgastan lo suficiente.

OREJAS: de inserción baja y caídas junto a las mejillas, tienen forma triangular con la punta redondeada.

COLA: de arranque bajo y afilada en la punta.

OJOS: de pequeño tamaño, forma almendrada y hundidos.

CABEZA: estrecha y con forma de pera, con el hocico alargado y fino, las mandíbulas largas y los dientes gruesos y robustos.

DATOS

ORIGEN: Gran Bretaña
ALTURA: alrededor de 25 cm
PESO: entre 4 y 4,5 kg
LONGEVIDAD: unos 13,5 años.

CARÁCTER Y SOCIABILIDAD:
muy bueno y leal, inteligente, fiel,
sociable, extraordinariamente
vivaz, juguetón y algo testarudo
y caprichoso.

APTITUDES: guardián, cazador y
de compañía.

ALIMENTO Y EJERCICIO: necesita
un pienso de calidad y comer
poco y a menudo. Le gusta el
ejercicio al aire libre, aunque no
precisa de largas caminatas.

CUIDADOS DEL MANTO:
cepillado 1-2 veces a la semana.
Unas 2 veces al año conviene
llevarlo a una peluquería canina.

SALUD: muy sano y resistente,
con pocos problemas de
salud.

**REQUERIMIENTOS
ESPECIALES:** se
recomienda cortarle
las uñas con
frecuencia.

NORWICH TERRIER

Es uno de los terriers más pequeños y su simpatía,
inteligencia y vivacidad lo han convertido en uno
de los perros de compañía más valorados.

A pesar de su pequeño tamaño, es un perro musculoso y fuerte. Se
relaciona fácilmente con todo el mundo y se adapta muy bien al
estilo de vida de su propietario, por lo que resulta adecuado como
animal de compañía tanto para familias como para personas mayores. Es un animal inteligente, animado y cariñoso, muy apegado
a sus dueños y amistoso con los niños, aunque también puede llegar a mostrarse algo testarudo y caprichoso.

No suele plantear problemas en el trato con otros perros, pero su
instinto cazador se puede despertar con otras mascotas, como los
gatos, a los que perseguirá muy contento. Aunque no es un perro
muy escandaloso, suele recibir a los extraños con ladridos, pero enseguida se calma y los acepta. Para corregir estos comportamientos y otros, como su tendencia a excavar, resulta imprescindible un
correcto adiestramiento. Le encantan los juegos al aire libre y los
paseos en los que pueda
olfatear y rastrear.

CABEZA:
proporcionada
al cuerpo, frente
levemente arqueada
y maxilar superior
e inferior muy
desarrollados.
Trufa negra.

OJOS: almendrados,
de color oscuro y
no salientes.

OREJAS: erguidas
y puntiagudas,
separadas y
situadas muy altas
en la cabeza.

COLA: espesa de
pelo, colgante en
reposo, llega al
menos hasta el
corvejón.

BULL TERRIER

En 1850, el comerciante de animales James Hinks (de Birmingham, Inglaterra) creó esta raza como animal de compañía, aunque alcanzó su mayor popularidad en los combates de perros. Actualmente ese tipo de peleas están prohibidas, pero el bull terrier no ha podido desprenderse de una inmerecida fama de perro despiadado y peligroso.

Si tenemos en cuenta que el aspecto general del bull terrier no se corresponde con los cánones de belleza canina actuales y que debido a su antiguo empleo en combates se ha ganado la fama de perro agresivo y mordedor, podrá comprenderse que no sea muy popular como animal de compañía. Pero quien haya tenido uno de estos animales podrá asegurar que es equilibrado y obediente, muy cariñoso y cercano con las personas, incluso juguetón, apegado a su dueño y con gusto por el contacto y la compañía, aunque también hay que decir que es algo testarudo y dominante.

Con los desconocidos se muestra muy desconfiado, pero no ataca. Sí resulta más agresivo con otros perros, pues tiende a ser muy territorial. Para evitar tales conductas es imprescindible el adiestramiento.

DATOS

ORIGEN: Gran Bretaña
ALTURA: entre 35,5 y 55 cm
PESO: alrededor de 35 kg
LONGEVIDAD: 10-14 años

CARÁCTER Y SOCIABILIDAD: inteligente, equilibrado, ágil, valiente, cariñoso, fiel, testarudo, dominante, con carácter fuerte.

APTITUDES: guarda y defensa, de compañía.

ALIMENTO Y EJERCICIO: la ración diaria debe contener 60 % de carne fresca y 40 % de arroz, verduras y frutas. Tiene tendencia a engordar. Necesita más de 1 hora diaria de ejercicio.

CUIDADOS DEL MANTO: peinado semanal con una manopla de goma.

SALUD: habituales problemas de sordera, enfermedades renales, cardíacas y de la piel.

REQUERIMIENTOS ESPECIALES: educación y socialización desde cachorro.

CABEZA: larga, fuerte y ahuevada, con hocico romano (de nariz encorvada) y mandíbulas muy potentes.

OREJAS: pequeñas y delgadas, colocadas muy juntas, erguidas y apuntando hacia arriba.

OJOS: de tamaño pequeño, forma almendrada y color oscuro.

COLA: de corta longitud, suele llevarla extendida horizontalmente.

SCOTTISH TERRIER

También conocido como terrier escocés o simplemente scottie, su aspecto resulta inconfundible debido a sus patas muy cortas, que no le restan elegancia, y a su hermoso y largo pelaje. Si a eso se une su buen carácter, no sorprende que sea una de las razas de perros de compañía más populares en el mundo.

DATOS BÁSICOS

ORIGEN: Gran Bretaña
ALTURA: entre 25 y 28 cm
PESO: de 8,5 a 10,5 kg
LONGEVIDAD: 12-15 años

Se trata de uno de los terriers más apreciados como animal de compañía, ya que se adapta bien a vivir tanto en la ciudad como en el campo y disfruta por igual conviviendo con familias numerosas o con personas solas, jóvenes o mayores. Es un perro equilibrado, inteligente, muy leal y cariñoso con todos los miembros de la familia, pero absolutamente indiferente con los extraños, ante los que se muestra reservado (nunca agresivo). No ocurre lo mismo cuando se cruza con otros perros, pues entonces se despierta la tendencia dominante y territorial de los terriers.

No es apropiado para convivir con otras mascotas pequeñas, ya que suele perseguirlas y darles caza. Es valiente, protege su territorio y no le gusta nada quedarse solo ni que se lo excluya de la vida familiar, por ejemplo, dejándolo mucho tiempo en el jardín sin compañía. Como a todos los terriers, le gusta escarbar y abrir hoyos en la tierra.

También hay que tener en cuenta que es un animal muy independiente, con tendencia a escaparse y muy sensible a los reproches y a los gritos. Por eso su adiestramiento debe realizarse con mucha paciencia, sin presionarlo, pero marcándole claramente las reglas. Así aprenderá rápido, aunque nunca será un perro sumiso. Sus requerimientos de ejercicio son elevados, aunque dado su tamaño, se pueden satisfacer en gran parte dentro de casa a base de juegos de estimulación física y mental. Los juegos con la pelota o las cuerdas con nudos le gustan mucho. Por supuesto, esa actividad debe complementarse con dos o tres paseos diarios.

Un manto que exige cuidados

El pelo forma una doble capa, con una inferior suave, densa y corta, y una superior abundante y compacta, bien pegada al cuerpo, de pelo duro con textura de alambre. Esta combinación le proporciona una muy buena protección contra el agua y el frío. El color más frecuente es el negro, pero también hay ejemplares de color trigo y negro o de una tonalidad gris atigrada.

La peculiar textura del pelo exige que se peine varias veces por semana, cepillándolo primero y pasando después el peine. Hay que insistir especialmente debajo de las axilas y en las patas traseras, pues es donde se forman nudos con mayor frecuencia. Además, cada tres meses conviene llevarlo a una peluquería canina para que le recorten el pelo, pues él no lo muda de forma natural. Si es necesario bañarlo hay que utilizar un champú especial para perros y asegurarse de secarle bien el pelo.

Al scottish terrier le gustan mucho los juegos. Estos son buenos para mantener en forma su musculatura, pero no es un perro deportista. Además, sus patas cortas pueden darle problemas si se somete a un ejercicio muy exigente. De todos modos, son muy ágiles y rápidos, pues no hay que olvidar que se crearon para la caza de zorros, tejones y conejos.

DATOS ESPECÍFICOS

CARÁCTER Y SOCIABILIDAD: inteligente, equilibrado, activo, valiente, leal, cariñoso con los dueños, independiente.

APTITUDES: de caza en madriguera, compañía y guarda.

ALIMENTO Y EJERCICIO: unos 150-200 g diarios de carne más arroz y verduras o un pienso de calidad con pocos cereales. Es un animal muy activo que necesita 1 hora de juego más 2-3 paseos diarios.

CUIDADOS DEL MANTO: cepillo y peine varias veces a la semana y peluquería cada 3 meses.

SALUD: en general, es una raza bastante robusta. Puede verse afectado por una osteopatía hereditaria o por el llamado calambre del scottie, que afecta a su movilidad.

REQUERIMIENTOS ESPECIALES: si se saca a pasear por el campo, conviene que vaya con correa porque, en caso contrario, se lanzará a la caza de los pequeños animales que se crucen en su camino.

OJOS: almendrados, de color marrón oscuro y mirada inteligente.

OREJAS: de inserción alta, puntiagudas y de porte erguido.

COLA: de longitud media, gruesa y erguida o con una ligera curvatura.

CUERPO: compacto y musculoso, con el cuello potente, la espalda recta y corta y el lomo muy fuerte. Patas cortas y musculosas.

CABEZA: alargada en comparación con el cuerpo, con una barba muy llamativa y una trufa grande.

DATOS

ORIGEN: Gran Bretaña
ALTURA: 25-30 cm los machos y 23-28 cm las hembras
PESO: 7-10 kg los machos y 6-7 kg las hembras
LONGEVIDAD: 12-16 años

CARÁCTER Y SOCIABILIDAD: atrevido, agitado, animoso, cariñoso, alegre, juguetón, inteligente, adiestrable.

APTITUDES: caza en madrigueras, compañía.

ALIMENTO Y EJERCICIO: alimentación con un alto contenido en carne y mejor sin cereales. Necesita largos paseos y mucho juego.

CUIDADOS DEL MANTO: cepillado diario y eliminar pelos muertos con cuchilla especial cada 10-12 semanas.

SALUD: tendencia a alergias en la piel, luxaciones de rodilla y un trastorno congénito de los huesos que afecta la mandíbula.

REQUERIMIENTOS ESPECIALES: no es un perro apto para dueños sin experiencia.

WEST HIGHLAND WHITE TERRIER

Se cuenta que esta raza es producto de varias situaciones fortuitas. Primero, el nacimiento de una camada de cachorros blancos de un cairn terrier y, después, la decisión de un cazador de criar solo perros blancos, ya que había matado a su cairn de pelo rojo al confundirlo con un zorro durante una cacería.

Hay pocos perros tan divertidos y simpáticos como este terrier. Le gusta formar parte del núcleo familiar y participar en sus actividades. Es complaciente y cariñoso, muy activo y juguetón, pero también muy fuerte y decidido, valiente a pesar de su pequeño tamaño y con un carácter fuerte. Con otros perros suele ser intolerante y, como todos los terrier, tiene muy arraigado su instinto cazador, así que no es buena idea hacerlo convivir con otras mascotas. Es un buen guardián y alerta con sus ladridos de cualquier presencia extraña.

Uno de los grandes atractivos de este terrier es su precioso manto de color blanco puro, muy brillante. Mantener este pelo en buen estado requiere cepillados diarios y retirar periódicamente los pelos muertos pasándole una cuchilla especial cada 10-12 semanas. No hacerlo nunca con tijeras, pues puede provocar problemas de piel. Si se ensucia, lo más conveniente es dejar que la suciedad se seque y cepillarlo después.

COLA: de 12,5 a 15 cm de longitud, cubierta de abundante pelo áspero. Siempre erecta.

CABEZA: ligeramente cóncava, con mandíbulas cortas y poderosas y mordida en tijera.

OJOS: muy hundidos, de color oscuro y mirada penetrante y alerta.

OREJAS: pequeñas y terminadas en una punta muy marcada, tiesas y erguidas.

YORKSHIRE TERRIER

Esta raza, una de las más pequeñas del mundo, no debe considerarse un mero animalito faldero. Muy al contrario, este minúsculo perro encierra un alma de aguerrido luchador, dominante y muy valiente. No se debe olvidar que nació para cazar las ratas que infestaban las galerías de las minas.

El yorkshire es una diminuta bomba de energía, activo, juguetón y cariñoso, pero también muy seguro de sí mismo y tan valiente que no duda en enfrentarse con cualquiera, sin importarle el tamaño. También es un perro muy ladrador que utiliza ese recurso para hacer saber al mundo quién es el dueño de ese territorio, y ese mismo espíritu domina sus relaciones con otros perros. Por eso, para atenuar un poco su tendencia a mostrarse dominante y territorial, es muy importante educarlo desde cachorro. Es un animal extraordinariamente activo, que adora los paseos por el campo, los deportes caninos y los lugares donde pueda olfatear y escarbar. Además de satisfacer esa necesidad de movimiento, quien adquiera un perro de esta raza debe tener en cuenta que el cuidado del manto exigirá dedicación y tiempo. Debe peinarse a diario con un peine metálico de púas anchas y hay que bañarlo, como mínimo, dos veces al mes. Es necesario llevarlo a menudo a la peluquería, pues el pelo puede llegar a taparle los ojos y dificultarle la visión.

DATOS

ORIGEN: Gran Bretaña
ALTURA: alrededor de 18-23 cm
PESO: máximo 3,2 kg
LONGEVIDAD: 13-16 años

CARÁCTER Y SOCIABILIDAD: inteligente, con fuerte personalidad, vivaz, atento, muy afectuoso con su dueño, dominante.

APTITUDES: de compañía, guardián.

ALIMENTO Y EJERCICIO: unos 100-700 g diarios de carne picada, cruda o un poco cocida, acompañada de arroz y verduras en proporción. Necesita 3 paseos activos diarios.

CUIDADOS DEL MANTO: peinado diario y peluquería frecuente.

SALUD: enfermedades oculares, displasia de rodilla y codo y trastornos de tiroides.

REQUERIMIENTOS ESPECIALES: cortarle las uñas 1 vez a la semana y lavarle los dientes con regularidad.

OREJAS: pequeñas, en forma de V invertida, rectas o semierectas.

CABEZA: pequeña y de forma achatada, con el hocico no muy largo y la trufa de color negro.

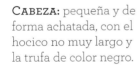

COLA: de longitud mediana y difícil de distinguir cuando la lleva baja.

OJOS: de color oscuro, brillantes y con la mirada muy viva.

TECKELS

Esta categoría solo agrupa a una raza, el teckel o dachshund, conocido popularmente como perro salchicha debido a la peculiar forma de su cuerpo. Esta fisonomía se debe a una mutación genética conocida como bassetismo, que origina ejemplares con las patas muy cortas en relación con el tamaño del cuerpo. Aprovechando esa mutación y a través de cruces seleccionados, se fue perfeccionando la raza para conseguir un perro especialmente dotado para rastrear y dar caza a tejones y otros animales que viven en madrigueras.

TECKEL O DACHSHUND DE PELO DURO

Manto: fuerte, muy duro (del llamado pelo de alambre) y con subcapa muy poblada. El pelo de la cabeza y las orejas es corto. Exhibe barba, bigote y cepillo en las cejas.

TECKEL O DACHSHUND DE PELO LISO

Manto: pelo liso, corto, brillante y suave, muy pegado al cuerpo.

TECKEL O DACHSHUND DE PELO LARGO

Manto: suave, liso, brillante. El pelo se alarga por la parte inferior del cuerpo, las orejas y las patas, alcanzando su máxima longitud en la cola.

Aunque el estándar no se formalizó hasta finales del siglo XIX, hace ya 5 000 años, en el Antiguo Egipto, existían perros con estas características (como lo prueban las imágenes halladas en las tumbas faraónicas). Personajes famosos, como Napoleón Bonaparte, Guillermo II de Alemania, la reina Isabel II de Inglaterra, o los artistas Pablo Picasso y Andy Warhol, también sucumbieron ante el encanto de estos singulares perros. Pero su carisma no solo ha cautivado a personalidades históricas, sino a familias de toda Europa, donde ha sido muy popular hasta hace pocos años. En la actualidad, aunque continúa teniendo muchos seguidores, ha cedido gran parte de su hegemonía como perro de familia de pequeño tamaño a otras razas, como el carlino o los terriers miniatura.

Una raza, tres variedades

Existen tres variedades de dachshund: la de pelo liso, la de pelo duro y la de pelo rizado. Pero es que además, cada una de ellas se puede encontrar en tres tamaños: el estándar, cuyo perímetro de cuello es superior a 35 cm y con un peso de 9 a 11 kg; el miniatura, con un perímetro de cuello de 30-35 cm y un peso de entre 4,5 y 6 kg, y el kaninchen o cazador de conejos, el más pequeño de la familia, con un perímetro de cuello inferior a 30 cm y un peso de menos de 4,5 kg.

La coloración del manto

A pesar de las diferencias que presentan las tres variedades en relación con las características del pelo, en lo que no muestran ninguna distinción es en la coloración. Cada una tiene tres posibilidades de color: unicolor, que puede ir desde el rubio hasta el rojo o el rojo amarillento, con o sin moteado negro; bicolor, en diversas combinaciones de negro y marrón tostado o chocolate, con manchas rojo óxido o amarillo, y los denominados manchados, que muestran un fondo de color oscuro uniforme (negro, rojo o gris) con manchas claras. El color blanco está excluido.

Su carácter curioso y su instinto cazador lo convierten en un perro con bastante tendencia a escaparse, por lo que solo se lo podrá pasear sin correa si se está muy seguro de que obedece las órdenes.

Carácter alegre e instinto cazador

En general, es un perro alegre, muy cariñoso, con sentido del humor, juguetón y para el que la familia lo es todo. También se muestra valiente, vigilante y muy ladrador, por lo que potencialmente es un buen guardián. Es muy curioso, dominante, testarudo y con ideas propias. Esto último puede crear problemas de obediencia y convivencia que se pueden paliar con un adiestramiento en positivo desde cachorro, empleando mucha paciencia y cariño, ya que de lo contrario se pone de muy mal humor y no responde a las órdenes. De todos modos, nunca se puede esperar que un teckel obedezca con sumisión.

A pesar de su pequeño tamaño, es un animal muy valiente. Si no está correctamente socializado, puede causar problemas con otros perros sin importarle si son grandes o pequeños. También se debe tener en cuenta que posee un instinto cazador muy desarrollado, por lo que no es raro que persiga a otros animales domésticos pequeños.

Un perro longevo

Antes de comprar o adoptar un teckel hay que pensar no solo en las alegrías que nos proporcionará, sino también en sus inconvenientes, que no son pocos: es un perro muy ladrador, se escapa a menudo, tiene tendencia a excavar en el jardín y hay que proporcionarle distracciones para que no se aburra, pues de otro modo suele desarrollar un comportamiento destructivo. Por eso tampoco es acertado dejarlo solo muchas horas.

También es imprescindible cuidar su alimentación de forma estricta, pues es un animal con bastante tendencia al sobrepeso, sobre todo si no practica suficiente ejercicio. Hay que pesarlo con frecuencia, no darle muchos *snacks* y elegir un pienso de buena calidad, con bastante carne y pocos cereales. Otro punto a tener en cuenta es que se deberán soportar todos estos «inconvenientes» durante bastante tiempo, ya que es una raza con una larga esperanza de vida.

Es difícil resistirse al encanto de unos cachorros de teckel y no acariciarlos durante largo rato. Pero ese comportamiento es erróneo y molestará al animal, ya que a esta raza no suele gustarle el exceso de mimos.

De las tres variedades de dachshund, la de pelo largo se suele mostrar más dócil y tranquila y es menos ladradora que las otras dos.

CABEZA: de forma alargada, erguida, con la depresión nasofrontal poco marcada.

OREJAS: pequeñas, de inserción alta, largas, de borde redondeado y caídas hacia delante.

OJOS: de forma ovalada y tamaño mediano.

CUERPO: musculoso, con el pecho amplio y profundo. La espalda es muy alargada, en contraste con las patas cortas.

COLA: larga y de inserción no muy alta.

DATOS

ORIGEN: Alemania
LONGEVIDAD: 15-20 años

CARÁCTER Y SOCIABILIDAD: cariñoso, alegre, juguetón, valiente, tozudo, dominante.

APTITUDES: rastreo y cazador en madrigueras, de guarda y compañía.

ALIMENTO Y EJERCICIO: hay que controlar mucho su alimentación porque tiene tendencia al sobrepeso y eso deriva en problemas de salud. Necesita un nivel moderado de ejercicio diario y hay que evitar el uso de escaleras.

CUIDADOS DEL MANTO: el de pelo liso, 2-3 cepillados semanales: Los otros 2 cepillados diarios (además de peluquería canina cada cierto tiempo).

SALUD: la mayoría de los problemas están relacionados con la desproporción entre las patas y el cuerpo musculoso (hernia discal, parálisis y patas torcidas debido a una rápida osificación).

REQUERIMIENTOS ESPECIALES: los pilares básicos para disfrutar con la compañía de un teckel son el adiestramiento, que no es fácil, y el cuidado de la alimentación.

TIPO SPITZ Y PRIMITIVO

La Federación Cinológica Internacional (FCI) diferencia siete secciones dentro de este grupo: perros nórdicos de trineo, perros nórdicos de cacería, perros nórdicos de guarda y pastoreo, spitz europeos, spitz asiáticos y razas semejantes, tipo primitivo y perros de caza tipo primitivo.

MALAMUTE DE ALASKA

Altura: 55-67 cm (macho) y 50-57 cm (hembra).

Aptitudes: muy inteligente, cariñoso y fiel, magnífico perro de trineo y muy bueno en familia.

HUSKY SIBERIANO

Altura: 53-60 cm (macho) y 51-56 cm (hembra).

Aptitudes: perro de trineo y de carreras de trineo. Sociable, muy afectuoso y excelente como compañero.

SAMOYEDO

Altura: 53-60 cm (macho) y 48-53 cm (hembra).

Aptitudes: obediente, tranquilo, simpático, cariñoso con los niños, perro de trineo, cazador de morsas, guardián de rebaños, de defensa y compañía.

SPITZ ALEMÁN ENANO O POMERANIA

Altura: 23-26 cm (pequeño), 30-38 cm (mediano) y 43-46 cm (keeshond).

Aptitudes: robusto, muy atento, vivaz y fácilmente adiestrable.

SPITZ JAPONÉS

Altura: 30-40 cm (macho) y 25-35 cm (hembra).

Aptitudes: inteligente y alegre, pero desconfiado con los extraños. Precisa adiestramiento.

SHIBA INU

Altura: 38-41 cm (macho) y 35-38 cm (hembra).

Aptitudes: afectuoso, valiente y adiestrable. Bueno con los niños.

AKITA INU

Altura: 63,5-70 cm (macho) y 57,5-63,6 cm (hembra).

Aptitudes: inteligente, afectuoso, valiente, impetuoso y dócil, de rastreo y compañía.

CHOW CHOW

Altura: 48-56 cm (macho) y 46-51 cm (hembra).

Aptitudes: independiente y dominante. Necesita adiestramiento y socialización.

OTROS PERROS TIPO SPITZ Y PRIMITIVO

LAIKA DE SIBERIA OCCIDENTAL

Altura: 54-60 cm (macho) y 52-58 (hembra).

Aptitudes: vivo, territorial y protector, alerta, guarda, cazador y de compañía.

BASENJI

Altura: 42,5 cm (macho) y 40 cm (hembra).

Aptitudes: alegre, afectuoso y paciente con los niños, nunca ladra. Perro de caza menor y excelente animal de compañía.

EURASIER O EURÁSICO

Altura: 52-60 cm (macho) y 48-56 cm (hembra).

Aptitudes: inteligente, calmado, alerta, guarda, compañero muy agradable.

XOLOITZCUINTLE

Altura: alrededor de 50 cm (hay una variedad de 30 cm).

Aptitudes: guarda, muy inteligente, alegre en familia y desconfiado con los extraños.

PERRO SIN PELO DEL PERÚ

Altura: 25-40 cm (pequeño), 41-50 cm (mediano) y 51-65 cm (grande).

Aptitudes: noble y afectuoso con la familia y desconfiado con extraños, de guarda.

HUSKY SIBERIANO

Los pueblos nómadas esquimales del norte de Siberia crearon el husky hace mucho tiempo para que tirase de los trineos en sus desplazamientos. Esa utilidad ha marcado el carácter de la raza y su aislamiento ha hecho posible que se mantenga casi pura. Así, el husky actual es muy similar al de origen: muy fuerte, corredor nato, con un fuerte instinto de manada y muy cercano con las personas.

DATOS BÁSICOS

ORIGEN: Siberia

ALTURA: 53-60 cm los machos y 51-56 cm las hembras

PESO: 20-27 kg los machos y 16-23 kg las hembras

LONGEVIDAD: 12-15 años

Antes de adquirir un perro es conveniente informarse bien de las características de la raza para no llevarse después una sorpresa. Este consejo, que conviene aplicar siempre al elegir un animal de compañía, resulta especialmente importante cuando se trata de un husky, pues muchos lo eligen atraídos por su indudable belleza, pero sin tener en cuenta otros datos.

El husky sigue siendo, en cuerpo y carácter, básicamente un perro de trineo, lo que tiene varias implicaciones que se deben considerar. La primera de ellas es que le apasiona correr y, por tanto, sus requerimientos de ejercicio son muy elevados (no hay que olvidar que es capaz de recorrer 100 km diarios tirando de una carga de unos 50 kg). Si no se ha pensado en participar en carreras de trineos, lo ideal es adaptarle un carrito con ruedas para que practique su ejercicio favorito, el arrastre. Si no se hace así, el arrastre lo pondrá en práctica con la persona que lo saque a pasear atado con la correa..., y es un perro con una fuerza enorme. Si no se le proporciona todo el ejercicio que necesita y se siente encerrado, es capaz de saltar vallas y cercados muy altos o de excavar un túnel para escaparse y lo acabará consiguiendo.

El segundo aspecto que hay que considerar está muy relacionado con el anterior: el husky es un perro al que le encanta correr, y cuando lo hace, se vuelve sordo a cualquier orden de su dueño. Si se deja suelto, se alejará a tal velocidad que será necesario invertir después varias horas en su búsqueda. No nació para ser obediente, sino para trabajar en grupo formando parte de una manada. Eso también marca su carácter, ya que es muy sensible a la jerarquía. El dueño de un husky debe convertirse en el líder de la manada para que el perro acepte su autoridad. Además, hay que tener en cuenta que, como todos los perros árticos, es muy independiente y posee una gran inteligencia: comprenderá todas las órdenes, pero solo las obedecerá cuando quiera. El hecho de ser un perro de manada también condiciona su elevada necesidad de compañía. ¡Olvídate de dejar solo durante horas a un husky! Se pondrá a aullar sin descanso y es posible que desarrolle un comportamiento destructivo. Si hay que dejarlo solo varias horas todos los días, la mejor solución es adquirir otro husky para que le haga compañía (no en vano se dice que los huskies vienen de dos en dos) o contratar a un cuidador que se pueda hacer cargo del perro en ese tiempo de ausencia.

Un lobo encantador y amistoso

Como contrapartida a estos supuestos inconvenientes (que no son tales, sino simplemente la perso-

El manto del husky puede ser de colores muy variados: completamente blanco, negro o gris, negro y blanco, negro y canela, gris y blanco, gris plateado, arena y blanco o rojo y blanco.

nalidad de la raza), pocos perros como el husky son tan cariñosos y confiados con las personas, ya que han compartido su vida con ellas desde hace muchos miles de años. Por eso no es un buen guardián, ni desconfía de los extraños ni mucho menos es agresivo. Adora a los niños y se une alegremente a sus juegos. También tolera bastante bien a otros perros, pero no puede decirse lo mismo de mascotas como gatos o roedores, con las que no suele congeniar.

CABEZA: mandíbula parecida a la de un lobo, con perfil muy nítido y un stop muy acusado entre la frente y el nacimiento del morro.

OJOS: oblicuos, de color azul claro, avellana o marrón. A veces, cada ojo es de un color.

OREJAS: de inserción alta, puntiagudas, de forma triangular y erectas.

COLA: gruesa y densamente cubierta de pelo, como la de un zorro.

CUERPO: tamaño mediano, muy robusto y musculoso, con un pecho ancho y potente y los dedos muy unidos para evitar hundirse en la nieve.

DATOS ESPECÍFICOS

CARÁCTER Y SOCIABILIDAD: muy sociable y afectuoso, vivo, simpático, ágil, veloz, buen compañero de las personas y especialmente cariñoso con los niños.

APTITUDES: arrastre y carreras de trineos, compañía.

ALIMENTO Y EJERCICIO: alimentación rica en grasas para compensar el consumo de energía por el ejercicio o si duerme en el exterior en invierno. Puede comer carne o pescado. Extraordinariamente activo, necesita unas 2 horas de ejercicio diario.

CUIDADOS DEL MANTO: cepillado y peinado 2-3 veces a la semana, a diario en época de muda; apenas huele «a perro».

SALUD: en general, con muy buena salud, aunque le pueden afectar los mismos problemas que a otras razas, como trastornos oculares hereditarios o displasia de cadera.

REQUERIMIENTOS ESPECIALES: soporta muy bien el frío gracias a las características de su manto. Por eso, también es muy sensible al calor y en verano debe disponer de un lugar fresco y agua abundante, además de hacer ejercicio solo en las horas menos calurosas.

MALAMUTE DE ALASKA

DATOS

ORIGEN: Estados Unidos
ALTURA: 55-67 cm los machos y
50-57 cm las hembras
PESO: 29-35 kg los machos y
21-31 kg las hembras
LONGEVIDAD: 10-12 años

CARÁCTER Y SOCIABILIDAD:
muy inteligente y fiel, sociable,
equilibrado, extraordinariamente
cariñoso con sus dueños y con
los niños.

APTITUDES: de trineo, compañía.

ALIMENTO Y EJERCICIO: un
pienso de calidad que compense
el consumo de energía por el
ejercicio. Es un animal muy
activo, que precisa al menos
de 1 hora diaria de actividad
intensa.

CUIDADOS DEL MANTO:
conviene cepillarle diariamente
con un peine fuerte con doble
fila de púas.

SALUD: bastante buena.

**REQUERIMIENTOS
ESPECIALES:**
sus peores enemigos son
la inactividad y las altas
temperaturas, que pueden
llegar a producirle la
muerte por golpe de calor.

También creado como perro de tiro, comparte su origen con el husky y el samoyedo, pero en esta raza no se ha primado la velocidad, como en el husky, sino la fuerza. Se trata de un perro grande, de porte poderoso y cuerpo sólido, tenaz, con buen olfato y sentido de la orientación.

A pesar de su aspecto imponente y fiero, el malamute es un perro muy sociable, cariñoso, noble y fiel, especialmente amistoso y protector con los niños, pero independiente y con ideas propias, como todos los perros nórdicos. También es muy inteligente y necesita un dueño experimentado que se gane su respeto y confianza como jefe de la manada. Aunque suele mostrarse indiferente con los extraños y con otros perros, no conviene confiarse y provocarlo, porque la reacción de un animal tan fuerte no es desdeñable.

Si se escoge esta raza como animal de compañía, además del adiestramiento hay que tener en cuenta que necesita muchísimo ejercicio, no se adapta a vivir en pisos pequeños y no le gusta nada quedarse solo. Como el husky, se debe sacar con correa porque tiene gran tendencia a escaparse.

COLA: gruesa, cubierta de abundante pelo largo y arqueada sobre la espalda.

CABEZA: ancha y bien proporcionada con el cuerpo, en forma de cuña, afinándose hacia el extremo del hocico sin llegar a ser puntiaguda.

OJOS: medianos, de forma almendrada, color marrón y dispuestos oblicuamente.

OREJAS: pequeñas en relación con el cuerpo, triangulares, con el extremo un poco redondeado y erectas.

SAMOYEDO

Esta raza toma su nombre de los pueblos samoyedos de Siberia, con los que vivía cuidando los rebaños de renos y cazando morsas, a veces también tirando de los trineos y durmiendo dentro de las tiendas como una calefacción natural. Esa cercanía y familiaridad que tuvo con el ser humano desde su origen, aún la demanda como animal de compañía.

Es imposible resistirse al atractivo de este perro, que tiene un precioso manto blanco y una expresión risueña provocada por la ligera curvatura hacia arriba de las comisuras de la boca. La fortaleza y el dinamismo del samoyedo, unido a su carácter extrovertido y amable, lo convierten en un animal de compañía muy deseado. Es un compañero de juegos ideal para los niños y le encanta participar de las actividades familiares. Aunque no es un perro mordedor, se muestra muy protector con los suyos y no duda en avisar si se acerca algún extraño. Si hay que ponerle algún pero es que le encanta ladrar y lo hace alto, claro y con tonos alegres, por lo que suele resultar muy bullicioso. También es cavador y escapista.

DATOS

ORIGEN: Siberia occidental
ALTURA: 53-60 cm los machos y 48-53 cm las hembras
PESO: 20-30 kg los machos y 16-20 kg las hembras
LONGEVIDAD: 12-14 años

CARÁCTER Y SOCIABILIDAD: tranquilo, simpático, fiel, juguetón, especialmente afectuoso con los niños.

APTITUDES: de trineo, cazador de morsas, guardián de rebaños, de defensa y compañía.

ALIMENTO Y EJERCICIO: diariamente, 300 g de carne o pescado con 150 g de arroz y verduras o un pienso de calidad con pocos cereales. Necesita dar largos paseos diariamente.

CUIDADOS DEL MANTO: cepillado diario.

SALUD: la más peligrosa es una enfermedad renal de carácter hereditario.

REQUERIMIENTOS ESPECIALES: conviene examinar las orejas a menudo y limpiarlas al menos 1 vez por semana.

OREJAS: de tamaño medio, con las puntas un poco redondeadas, erguidas y cubiertas de pelo por dentro y por fuera.

CABEZA: potente y en forma de cuña, con mandíbulas fuertes y la trufa de color negro o castaño oscuro.

OJOS: colocados oblicuamente, de color oscuro y mirada profunda.

COLA: larga, poblada de pelo y enrollada sobre el dorso.

DATOS

ORIGEN: Alemania
ALTURA: máximo 20 cm
PESO: entre 1,9 y 3,5 kg
LONGEVIDAD: 12-16 años

CARÁCTER Y SOCIABILIDAD: inteligente, sociable, afable, activo, despierto, juguetón, valiente, vigilante, bullicioso.

APTITUDES: de compañía, guardián.

ALIMENTO Y EJERCICIO: necesita un pienso de calidad. Es un perro activo al que le gustan los paseos y los juegos.

CUIDADOS DEL MANTO: cepillado diario más cepillado a fondo 2-3 veces por semana (en el sentido del pelo y a contrapelo).

SALUD: tiene tendencia a la displasia de rótula, problemas respiratorios, enfermedades cardíacas y sordera.

REQUERIMIENTOS ESPECIALES: es un animal muy sensible al calor, por lo que en verano hay que procurarle un lugar sombreado para que descanse.

SPITZ ALEMÁN ENANO O POMERANIA

El spitz enano o pomerania no es una raza, sino una variante en miniatura del spitz alemán. Sus antepasados más antiguos eran perros de trineo del Ártico que llegaron a Europa a través de la región de Pomerania, hoy perteneciente a Polonia.

El peso del pomerania, inferior al de muchos gatos, invita a transportarlo en brazos y sentarlo sobre nuestra falda, pero no hay que engañarse, porque dentro de ese cuerpo tan pequeño hay un animal valiente y muy seguro de sí mismo, que no duda en enfrentarse a otros perros mucho más grandes que él. ¡Hay que estar atentos y vigilarlo! Pero no es un animal agresivo, sino muy amistoso. Es alegre y tiene ganas de jugar a todas horas, aunque se debe evitar que los niños lo atosiguen porque se pone muy nervioso.

Es un perro que aprende rápido porque es muy inteligente. Si hay que destacar un inconveniente es su gran tendencia a ladrar muy fuerte e insistentemente tanto si es para avisar de la presencia de algún extraño (es un buen guardián), como si suena el timbre o cuando se siente feliz y contento.

CABEZA: hocico estilo zorro. Alrededor del cuello, una exuberante melena que recuerda a la de un león.

OREJAS: de pequeño tamaño y siempre alzadas.

OJOS: de color oscuro, despiertos y de mirada atenta.

COLA: debe portarla alta y ligeramente curvada sobre el lomo.

SPITZ JAPONÉS

Esta raza deriva directamente de los spitz blancos del norte de Europa que fueron llevados a Japón hace muchos siglos. Allí tuvieron tan buena acogida que se inició su cría hasta conseguir los actuales ejemplares de spitz japonés.

Sin duda, uno de los mayores atractivos del spitz japonés es su manto, de pelo liso, más largo alrededor del cuello, el pecho y los hombros (creando una especie de melena de león). Al contrario de lo que pudiera pensarse, su cuidado no exige demasiado trabajo, ya que no debe cepillarse con mucha frecuencia para evitar dañar la capa inferior. Incluso si se ensucia con la lluvia o el barro, lo mejor es dejarlo secar, cepillar la suciedad y quedará perfecto.

En cuanto a su carácter, es muy similar al del spitz alemán: muy alegre y cariñoso con todos los miembros de la familia, juguetón, fiel y obediente. Siempre está atento y vigilante y avisará con fuertes ladridos si algo inusual llama su atención o escucha un sonido extraño.

DATOS

ORIGEN: Japón
ALTURA: 30-40 cm los machos y 25-35 cm las hembras
PESO: entre 5 y 6 kg aproximadamente
LONGEVIDAD: 10-16 años

CARÁCTER Y SOCIABILIDAD: muy inteligente, alegre, juguetón, valiente, afectuoso con sus dueños y desconfiado con los extraños.

APTITUDES: de guarda y compañía.

ALIMENTO Y EJERCICIO: un pienso de calidad especial para perros pequeños. Como es muy activo, además de 3 paseos al día, un rato de juegos y carreras.

CUIDADOS DEL MANTO: cepillado cada 2 días, excepto en época de muda, cuando habrá que hacerlo diariamente.

SALUD: bastante buena.

REQUERIMIENTOS ESPECIALES: aunque hay que adiestrarlo, aprende con mucha facilidad y no es conflictivo.

CABEZA: ancha y redondeada, con el hocico puntiagudo, pero no muy grande, y la trufa de color negro.

OJOS: oblicuos y de color oscuro.

OREJAS: de tamaño pequeño, de forma triangular, puntiagudas y erguidas.

COLA: poblada de pelo largo y enrollada sobre el dorso.

DATOS

ORIGEN: Japón
ALTURA: 63,5-70 cm los machos y 57,5-63,5 cm las hembras
PESO: 45-59 kg los machos y 32-45 kg las hembras
LONGEVIDAD: 10-12 años

CARÁCTER Y SOCIABILIDAD: inteligente, afectuoso, fiel, valiente, a veces impetuoso, dócil.

APTITUDES: antiguamente, de caza mayor, de carga y guardián; actualmente, de compañía.

ALIMENTO Y EJERCICIO: pienso de calidad con al menos 70 % de carne y 20-30 % de verdura; no precisa cereales. Tiene necesidad media-alta de ejercicio.

CUIDADOS DEL MANTO: cepillado diario.

SALUD: enfermedades de la piel y el pelaje, trastornos inmunitarios, enfermedades de tiroides y displasia de cadera.

REQUERIMIENTOS ESPECIALES: el adiestramiento y la socialización a edad temprana.

AKITA INU

Por todos es conocida la historia de fidelidad de Hachiko, un akita que acompañaba todos los días a su dueño hasta el tren y lo esperaba a su regreso. Un día, su dueño no volvió porque había fallecido y el perro siguió aguardándolo durante los diez años que le sobrevivió.

El akita es un perro grande y musculoso, con una extraordinaria fuerza y un carácter marcado. Es independiente y algo solitario pero también necesita crear un estrecho vínculo familiar. Para ello, le basta con un único dueño, al que demuestra cariño y una extraordinaria lealtad. Suele ser paciente y afable con los niños de la familia, pero siempre que no alboroten demasiado. Es un animal protector y un magnífico guardián. Ante los desconocidos reacciona con desconfianza, pero no ataca, ya que no es un animal agresivo. Con otros perros sí saca su carácter dominante, por lo que es básico proporcionarle socialización y adiestramiento tempranos.

Aunque tiene un elevado nivel de energía y necesita hacer bastante ejercicio, prefiere los paseos largos y tranquilos. Más exigente se muestra en el tema de la alimentación, para el que tiene fama de sibarita.

COLA: gruesa y fuerte, estirada llega hasta el corvejón, pero debe llevarla enroscada en anillo sobre el lomo.

CABEZA: ancha y peluda, con el hocico potente y que se afina hacia el extremo, sin ser puntiagudo, con mordida poderosa.

OJOS: de pequeño tamaño, ligeramente separados y de color marrón oscuro.

OREJAS: relativamente pequeñas, gruesas, erectas y un poco inclinadas hacia delante.

SHIBA INU

El tamaño mediano de esta raza y su aspecto, que recuerda un poco al de un zorro, la convierten en una de las preferidas como animales de compañía. Pero junto a ese indudable atractivo, hay un perro muy independiente y autónomo al que será necesario adiestrar para disfrutar plenamente de él.

Aunque de aspecto similar al akita inu, el shiba es más pequeño y su carácter también difiere del de su pariente. Es más alegre, curioso y juguetón, incluso podría decirse que un poco travieso. Con la familia se muestra cariñoso, atento y fiel, pero hacia los desconocidos, ya sean humanos o perros, hace muy patente su desconfianza. Es un magnífico perro guardián que solo ladra si es necesario. Pero también es un animal independiente y con ideas propias, al que no le gusta someterse, con pasión por la caza y un marcado comportamiento territorial. Corregir esas conductas para no convertirse en esclavo del shiba exige un dueño con carácter y un adiestramiento experto.

Otra de sus ventajas es que no despide olor ni siquiera cuando se moja. Tiene muy buena salud y lo único que necesita es pasar mucho tiempo al aire libre.

CABEZA: frente ancha, caña nasal recta y trufa de color oscuro.

OJOS: de pequeño tamaño, forma almendrada y color pardo oscuro.

OREJAS: de forma triangular y siempre erguidas, lo que le confiere un aspecto de alerta continua.

DATOS

ORIGEN: Japón
ALTURA: 38-41 cm los machos y 35-38 cm las hembras
PESO: 11-15 kg los machos y 9-13 kg las hembras
LONGEVIDAD: 12-14 años

CARÁCTER Y SOCIABILIDAD: amable y afectuoso, valiente, adiestrable, amistoso con los niños.

APTITUDES: caza menor, guarda y de compañía.

ALIMENTO Y EJERCICIO: pienso equilibrado y nutritivo, con mucha carne acompañada de verduras. Le gustan los paseos largos y tiene gran resistencia.

CUIDADOS DEL MANTO: cepillado 2-3 veces por semana.

SALUD: bastante saludable, aunque puede sufrir displasia de cadera, cataratas y glaucoma.

REQUERIMIENTOS ESPECIALES: hay que aplicarse en su adiestramiento y estar dispuesto a pasar bastante tiempo al aire libre.

COLA: gruesa y fuerte, enroscada en círculo sobre el lomo.

CHOW CHOW

Esta raza no se conoció en Europa hasta la segunda mitad del siglo XIX, pero su origen es muchísimo más antiguo. En China, Mongolia y Tíbet tenía usos muy diversos, desde vigilar propiedades a tirar de trineos o cazar. Incluso se comerciaba con su piel para confeccionar abrigos y su carne se consideraba un bocado exquisito. Quizá ese desafecto humano haya sido el forjador del carácter de este animal.

DATOS BÁSICOS

ORIGEN: China
ALTURA: 48-56 cm los machos y 46-51 cm las hembras
PESO: 25-32 kg los machos y 20-27 kg las hembras
LONGEVIDAD: 9-15 años

El chow chow parece un león en miniatura, impresionante y majestuoso no solo por su aspecto, sino también por su especial carácter, que tiene mucho de felino. Igual que los gatos, este perro no busca agradar a las personas ni se muestra sumiso, es poco efusivo, indiferente al juego y parece mantener siempre las distancias. Pero correctamente adiestrado, algo que no es nada fácil, se convierte en un animal de compañía fiel, sincero y muy apegado a su dueño, educado, limpio y paciente. A pesar de su apariencia impasible, es un perro muy curioso, siempre dispuesto a investigar, sensible, un poco celoso, y aunque es de reflejos rápidos, nunca acata una orden o pasa a la acción de forma inmediata. Antes parece reflexionar, pero eso no debe tomarse como una negativa, sino como parte del carácter de esta raza.

do su territorio y suponen un peligro, se puede poner muy desagradable e incluso morder. Su convivencia con otros perros tampoco resulta la ideal, pues suele mostrarse muy dominante, un problema que la socialización temprana ayuda a atenuar. Tampoco es amigo de los gatos ni de otros animales pequeños, pues despiertan su instinto cazador. Este es uno de los motivos por los que conviene llevar a pasear al chow chow siempre con correa. Si se deja libre, es muy posible que no atienda cuando lo llamen.

Si lo que se busca es un animal que participe feliz de las actividades en grupo, el chow chow no es la elección correcta. Este es un perro de compañía apto solo para personas tranquilas, ya que no precisa mucho ejercicio, aunque sí le gustan los paseos largos y estar al aire libre. Y mejor si su dueño vive solo, ya que el animal establece vínculos especiales con una única persona.

Aspecto leonino

El manto del chow chow está integrado por una doble capa de pelo: la inferior, lanosa y la superior, de pelo largo, puntiagudo, denso y abundante, que alrededor de la cabeza, el cuello y los hombros forma un collar muy amplio y voluminoso, responsable del aspecto leonino tan característico de este animal. En cuanto al color, no están admitidas las manchas, solo los tonos uniformes, aunque estos pueden ser muy variados: blanco (el más raro), crema, rubio, rojo, azul, gris plateado y negro.

Se mantiene siempre vigilante, por lo que es un buen guardián. Con los desconocidos es reservado, y si cree que han invadi-

Una característica de esta raza es que tanto la lengua como el paladar, las encías y los labios deben ser obligatoriamente de color azulado o violáceo.

DATOS ESPECÍFICOS

CARÁCTER Y SOCIABILIDAD: muy independiente, con temperamento fuerte y dominante, poco expresivo, valiente, tranquilo y noble.

APTITUDES: antiguamente (entre otras muchas utilidades), cazador de lobos, arrastre de trineos; actualmente, guardián y de compañía.

ALIMENTO Y EJERCICIO: 300 g de arroz con 250 g de carne y verduras cocidas o un pienso de muy buena calidad. Poco exigente en cuanto al ejercicio (no le gustan los deportes caninos, pero sí los paseos largos y estar al aire libre).

CUIDADOS DEL MANTO: cepillar regularmente para evitar los enredos del pelo.

SALUD: puede padecer displasia de codo y de cadera, así como problemas en los párpados.

REQUERIMIENTOS ESPECIALES: el adiestramiento especializado y la socialización desde cachorro son imprescindibles para convivir con esta raza. Por otra parte, es muy sensible al calor.

Su pelo tan abundante exige que regularmente se cepille en profundidad para evitar los enredos. Como la tarea suele ser laboriosa, conviene que al animal se lo acostumbre desde pequeño a ser acicalado porque de adulto tendrá demasiada fuerza y costará mucho trabajo asearlo debidamente. Los cuidados del manto son menos exigentes en la variedad de chow chow de pelo corto, mucho menos frecuente, al que bastará con cepillar dos o tres veces a la semana.

CABEZA: ancha y plana, con un hocico que se ensancha hacia los ojos y trufa de color negro.

OREJAS: de forma triangular, erguidas y vueltas hacia delante.

OJOS: de pequeño tamaño, oblicuos y de color oscuro.

COLA: muy poblada de pelo y caída sobre el dorso.

CUERPO: fuerte, compacto, de proporciones cuadradas, con el pecho ancho y profundo.

TIPO SABUESO, DE RASTREO Y SIMILARES

Los sabuesos agrupan alrededor de 63 razas poseedoras de un olfato muy agudo. Los perros de rastreo están especialmente dotados para discriminar olores y entrenados para seguir uno en particular. Bajo la denominación «razas similares», se agrupan perros de carácterísticas muy diversas.

PERRO DE SAN HUBERTO O BLOODHOUND
Altura: 53-69 cm (macho) y 58-63 cm (hembra).
Aptitudes: es uno de los perros con el olfato más agudo, de carácter equilibrado, tranquilo y fiel.

BEAGLE
Altura: 36-41 cm (macho) y 33-38 cm (hembra).
Aptitudes: muy afectuoso y alegre, simpático, tranquilo, de rastreo y compañía.

BASSET HOUND
Altura: entre 33 y 38 cm.
Aptitudes: bondadoso y afectuoso, un poco testarudo, muy buen animal de compañía, cazador de madriguera y de rastreo.

DÁLMATA
Altura: 55-60 cm (macho) y 50-55 cm (hembra).
Aptitudes: muy sensible, independiente, tranquilo, fiel, necesitado de la compañía del dueño.

OTROS PERROS TIPO SABUESO Y DE RASTREO

PERRO CRESTADO RODESIANO
Altura: 63-69 cm (macho) y 61-66 cm (hembra).
Aptitudes: inteligente, leal, sensible, travieso, veloz, buen animal de compañía, guardián y para la caza.

BASSET GRIFÓN VENDEANO
Altura: entre 38 y 42 cm.
Aptitudes: vigoroso, simpático, afectuoso, fiel, tenaz y valiente en la caza.

HARRIER
Altura: entre 53 y 61 cm.
Aptitudes: muy amistoso y alegre, extrovertido, afectuoso, tolerante y activo.

DREVER O PERRO TEJONERO SUECO
Altura: 35-37 cm (macho) y 30-35 (hembra).
Aptitudes: listo, obediente y muy valiente, no duda en enfrentarse a animales de gran tamaño, como el jabalí.

PORCELAINE
Altura: 55-58 cm (macho) y 53-56 cm (hembra).
Aptitudes: enérgico e impetuoso, muy sereno en casa, pero mordaz en la caza.

SABUESO POITEVIN
Altura: entre 58 y 71 cm.
Aptitudes: resistente, enérgico y dinámico, necesita mucho ejercicio..

BEAGLE

Parece que los antepasados de esta raza, perros de rastreo y acoso, llegaron a Inglaterra en el siglo XI junto con los normandos. La denominación de beagle apareció por primera vez en unas crónicas reales de 1515 y un siglo más tarde se hablaba de un pequeño beagle que cabía en las alforjas del caballo de un cazador. Este perro especializado en la caza de la liebre, el faisán y la codorniz, así como en capturar peces, es hoy un excelente animal de compañía.

DATOS BÁSICOS

ORIGEN: Gran Bretaña

ALTURA: 36-41 cm los machos y 33-38 cm las hembras

PESO: 10-11 kg los machos y 9-10 kg las hembras

LONGEVIDAD: 12-15 años

Aunque el beagle no es el más obediente de los perros, conquistará a cualquiera con su simpatía y sociabilidad. Es vital, cariñoso, juguetón, le encantan los mimos y ser el centro de atención, se lleva muy bien con los niños y le gusta estar rodeado de gente. Recibirá a los desconocidos con un sonoro ladrido, pero ahí se quedará todo, porque después los acogerá con las mismas muestras de cariño que a sus dueños, por lo que no es un buen perro guardián. Tampoco mostrará problemas de conducta con otros perros, sin importar el sexo o la edad, y su tolerancia con los gatos es espléndida. Además, se adapta perfectamente a vivir en un piso en la ciudad o en una casa en el campo.

Pero también tiene sus inconvenientes. Entre ellos destacan su tozudez y su innato instinto cazador, que hace que desoiga cualquier orden o llamada de sus dueños si ha olfateado el rastro de un bocado interesante. Tampoco una valla de mediana altura será un obstáculo para sus escapadas de caza. El segundo inconveniente es su glotonería, que lo impulsa a comer cualquier cosa que despida un aroma agradable (con una golosina podrás convencer a un beagle de que haga lo que quieras y esto es, indudablemente, un peligro). Para evitar esas situaciones, resulta imprescindible un adiestramiento riguroso; así que desde que el animal es muy pequeño debe aprender a obedecer órdenes y a no comer cualquier cosa que lo atraiga.

Otra característica, que no inconveniente, es que derrocha energía que debe quemar diariamente con largos paseos y la práctica de deportes caninos, además de con juegos que estimulen su excelente olfato. Esto lo convierte en un perro muy apto para personas con un estilo de vida bastante activo. Si se le proporciona todo el ejercicio que necesita, en casa se mostrará mucho más tranquilo y hará menos travesuras. Por supuesto, en estas salidas habrá que llevarlo sujeto con correa hasta que se esté seguro de que atenderá a la orden del dueño. Incluso así, habrá que tener en cuenta que la llamada de su instinto cazador siempre será muy fuerte.

El beagle, a pesar de ser animal con ideas propias, resulta un magnífico perro familiar, atento y cariñoso con todos.

Cuidados sencillos

Además de la necesidad de adiestramiento y ejercicio, el resto de los cuidados del beagle son muy sencillos. Su manto es de pelo corto y están admitidos todos los colores, excepto el marrón hígado. Habitualmente, los beagles son bicolores en marrón y blanco, rojo y blanco o amarillo anaranjado y blanco, o tricolores en blanco, negro y marrón. Ese tipo de manto solo precisa que periódicamente se cepille para eliminar los pelos que estén sueltos. Sí habrá que prestar más atención a su costumbre de restregarse por lugares que huelen mal, lo que hará necesario el baño.

DATOS ESPECÍFICOS

CARÁCTER Y SOCIABILIDAD: simpático y afectuoso, alegre, muy listo y dinámico, tranquilo en familia.

APTITUDES: de rastreo, de caza en zonas húmedas y de compañía.

ALIMENTO Y EJERCICIO: pienso de calidad especial para perros de tamaño mediano, que contenga los nutrientes esenciales y estimule la masticación. Extraordinariamente activo, necesita mucho, mucho ejercicio (al menos 2 horas diarias).

CUIDADOS DEL MANTO: cepillado semanal para eliminar los pelos muertos.

SALUD: en general, es muy robusto y con buena salud, aunque le pueden afectar las mismas dolencias que a otros perros, como la displasia de cadera. También existe un tipo de meningitis característica de esta raza.

REQUERIMIENTOS ESPECIALES: adiestramiento riguroso para fomentar la obediencia y refrenar su glotonería, revisión regular de las orejas para prevenir infecciones.

CABEZA: potente y alargada, con stop bien marcado, hocico poco puntiagudo, orificios nasales muy desarrollados y trufa negra.

COLA: cuando está siguiendo un rastro la lleva completamente alzada.

OJOS: de color avellana o marrón y expresión dulce y fiel.

CUERPO: estructura compacta, con cuello bastante largo y ligera papada, extremidades cortas con muslos musculosos y pies redondos y fuertes.

OREJAS: de inserción baja, largas y redondeadas, caídas a ambos lados de las mejillas.

BASSET HOUND

Tradicionalmente ha sido una raza dedicada a la caza de liebres y conejos en madrigueras o lugares poco accesibles, así como a la caza por rastreo, ya que es un animal con un magnífico olfato. En la actualidad, esas tareas han pasado a un segundo plano y el basset es fundamentalmente un animal de compañía.

DATOS

ORIGEN: Inglaterra
ALTURA: entre 33 y 38 cm
PESO: 23-29 kg los machos y 20-27 kg las hembras
LONGEVIDAD: 10-12 años

CARÁCTER Y SOCIABILIDAD: alegre, bondadoso y afectuoso, un poco testarudo, muy buen animal de compañía, cariñoso con los niños.

APTITUDES: de rastreo, cazador de madriguera y compañía.

ALIMENTO Y EJERCICIO: dieta rica en carne y con pocos cereales para evitar el sobrepeso. Le basta con 3 paseos cortos al día si también se le permite un rato de juego activo.

CUIDADOS DEL MANTO: cepillado suave 1 vez a la semana.

SALUD: suele tener problemas de columna y otitis.

REQUERIMIENTOS ESPECIALES: soporta mal el calor, por lo que en verano se debe sacar a las horas más frescas y refrescarle las orejas con agua fría.

Todos los perros de párpados caídos ofrecen un aspecto triste, pero no hay nada más alejado del carácter del basset hound, que es un animal alegre, divertido, cariñoso y sociable, excelente compañero de juegos para los niños, aunque se debe tener cuidado con los más pequeños, porque en la vorágine de la actividad el basset los puede empujar (y no hay que desestimar la robustez de este perro, a pesar de su tamaño). Precisamente el gran apego que demuestra a la familia es la causa de que no le guste nada quedarse solo en casa. Con los desconocidos se muestra muy sereno y esa misma reacción domina su relación con otros perros y mascotas domésticas.

Como buen perro de caza, también es independiente y un poco terco, por lo que debe adiestrarse desde pequeño, mejor si es a través del juego y empleando mucha paciencia. Su instinto rastreador aún sigue muy despierto y eso obliga a no dejarlo suelto durante los paseos, pues saldrá corriendo con increíble agilidad si percibe algún rastro interesante. Es un animal al que le gustan las largas caminatas, eso sí, a su ritmo, y el juego con otros perros.

OREJAS: de inserción baja, muy largas, con pliegues y un tacto aterciopelado.

COLA: de inserción media, la lleva erguida formando una ligera curva.

CABEZA: grande, alargada y bien proporcionada, cubierta por una piel flácida que forma arrugas profundas.

OJOS: de color marrón oscuro y mirada tranquila y amable.

PERRO DE SAN HUBERTO O BLOODHOUND

Los antepasados de esta raza se criaron en el monasterio belga de San Huberto, donde se utilizaban para la caza. Más tarde, los normandos los introdujeron en Inglaterra y a través de diversos cruces, se obtuvieron los ejemplares que ahora son conocidos como bloodhounds o perros de San Huberto.

Este perro de aspecto inconfundible se ha ganado una merecida fama como rastreador. Su excepcional olfato le permite seguir un rastro ¡dejado hace 15 días! Como animal de compañía es muy dócil y cariñoso, bastante tranquilo y silencioso, muy paciente con los niños y nada desconfiado con los desconocidos. Tampoco suele resultar conflictivo su trato con otros perros ni con mascotas domésticas. Crea un vínculo muy estrecho con sus dueños, a los que demuestra gran lealtad. Quizá por eso lleva tan mal la soledad. Aunque no es un animal que destaque por su hiperactividad, sí necesita ejercicio físico diario, preferiblemente paseos largos, pero variando los itinerarios para que pueda estimularse olfateando y descubriendo nuevos lugares. Además, esos paseos serán muy beneficiosos para su salud porque la raza tiene tendencia al sobrepeso. También conviene practicar con él algunos juegos que desarrollen su olfato.

DATOS

ORIGEN: Bélgica
ALTURA: 63-69 cm los machos y 58-63 cm las hembras
PESO: 40-50 kg los machos y 36-45,5 kg las hembras
LONGEVIDAD: 10-12 años

CARÁCTER Y SOCIABILIDAD: simpático, silencioso, manso, tímido.

APTITUDES: de rastreo y compañía.

ALIMENTO Y EJERCICIO: pienso de calidad que debe repartirse en varias tomas pequeñas y frecuentes. Necesita 2-3 paseos al día de unos 35-45 minutos cada uno.

CUIDADOS DEL MANTO: cepillado semanal.

SALUD: el mayor riesgo es la displasia de cadera, pero también se pueden presentar problemas en los párpados y los ojos.

REQUERIMIENTOS ESPECIALES: hay que revisar regularmente las orejas y los pliegues de la piel y limpiarlos con una gasa para evitar infecciones.

OREJAS: de inserción baja, muy largas, caídas y de tacto muy suave.

OJOS: de color avellana oscuro y mirada afable, que a veces puede parecer tristona por los pliegues de los párpados.

CABEZA: grande y muy desarrollada a lo largo, con la piel rugosa en la frente y las mejillas. Labios colgantes, trufa negra.

COLA: de inserción alta y elegantemente curvada.

DÁLMATA

El origen de esta raza continúa siendo muy confuso, pues se cree que puede provenir no solo de la región croata de Dalmacia, sino también de Italia, Turquía o Egipto. En la Edad Media, el dálmata era muy popular entre la nobleza europea para escoltar los carruajes y, más adelante en Estados Unidos acompañaba al carro de los bomberos haciendo de sirena viviente. En la actualidad, su popularidad resurgió tras el estreno de la película *101 dálmatas*, de Disney.

DATOS BÁSICOS

ORIGEN: Croacia

ALTURA: 55-60 cm los machos y 50-55 cm las hembras

PESO: 15-32 kg los machos y 16-24 kg las hembras

LONGEVIDAD: 10-13 años

Este perro resulta inconfundible por el color de su manto, que siempre es blanco puro y brillante con manchas negras o de color marrón hígado. Estas manchas tienen forma redondeada y deben estar repartidas simétricamente por todo el cuerpo. Los cachorros nacen completamente blancos y los primeros indicios de moteado comienzan a apreciarse a los 10-14 días. Cuando alcanzan el año de edad, ya muestran las manchas definitivas. El pelo es corto, duro, denso y liso, sin subpelo.

Si se elige un dálmata como perro de compañía hay que tener en cuenta dos aspectos importantes: necesita estar acompañado y precisa mucho ejercicio. Es un animal muy alegre, simpático y cariñoso, al que le encanta agradar y que lo mimen, que juega feliz con los niños siempre que estos lo respeten, pues no lleva nada bien que le tiren de las orejas, el rabo o lo confundan con un juguete. Además, muestra una extraordinaria sensibilidad: si percibe un conflicto en la familia, se retira. Su gran apego a los dueños hace que tolere muy mal la soledad y desarrolle problemas de conducta.

El otro aspecto importante que se debe cuidar es el ejercicio físico. El dálmata necesita mucha actividad para gastar su energía. Es un animal muy activo y resistente al que le gusta correr durante horas, nadar, dar largos paseos por el campo, jugar a la búsqueda de objetos, aprender trucos y practicar cualquier tipo de deporte canino. Y esto, como mínimo, durante dos horas al día, aunque lo ideal son tres o cuatro. También disfruta de desafíos que lo estimulen mentalmente. Si no se dispone de tanto tiempo para dedicar al perro, será mejor elegir otra raza más acorde con la disponibilidad del dueño.

Fácil de cuidar

Si se lo incluye dentro del grupo familiar, haciéndolo participar en las actividades y se le proporciona mucho ejercicio, afecto y amor, el dálmata se convierte en uno de los mejores perros de compañía. Además de las necesidades mencionadas, apenas requiere más cuidados. El pelo solo hay que cepillarlo de vez en cuando y frotarlo con un paño húmedo (excepto

Anuncia a los desconocidos de inmediato con sonoros ladridos, ya que es un animal que siempre está alerta, pero no muestra ningún tipo de agresividad.

en la época de muda, que debe hacerse diariamente con un guante o cepillo especial). También hay que vigilar que beba mucha agua para que orine frecuentemente, porque tiene cierta propensión a padecer cálculos renales.

OJOS: redondos y brillantes, de color marrón oscuro en los perros con manchas negras y de color ámbar en los de manchas marrones.

OREJAS: delgadas, pegadas a la cabeza y de textura suave.

COLA: fuerte en la raíz y adelgazándose hacia el extremo, en ligera curva hacia arriba.

CABEZA: hocico vigoroso con stop moderado, trufa negra o marrón (dependiendo del color de las manchas).

CARÁCTER Y SOCIABILIDAD: fiel, sereno, amable, independiente pero domesticable, muy sensible, dotado de extraordinaria memoria, afectuoso con los niños.

APTITUDES: de rastreo, de guarda y defensa, de compañía.

ALIMENTO Y EJERCICIO: 300-350 g de carne con 190 g de arroz y verduras cocidas o pienso de calidad. No le suelen gustar los alimentos en conserva. Extraordinariamente activo, necesita un mínimo de 2 horas de ejercicio físico y mental cada día.

CUIDADOS DEL MANTO: cepillado semanal y pasar después un paño húmedo para potenciar el brillo del pelo.

SALUD: predisposición a padecer sordera y cálculos renales.

REQUERIMIENTOS ESPECIALES: fácil de adiestrar si se elogia y dirige de forma amorosa.

CUERPO: complexión atlética, delgado y bien proporcionado, la espalda recta y los hombros musculosos.

PERROS DE MUESTRA

Todos los perros de este grupo son animales empleados en la caza, pero estos en concreto tienen la particularidad de que instintivamente señalan (muestran) con el hocico la dirección en la que se encuentra la presa, lo que facilita el trabajo al cazador. No todas las razas desarrollan este comportamiento con la misma facilidad, pero sí tras un periodo de entrenamiento.

POINTER INGLÉS
Altura: 62-66 cm (macho) y 58-63 cm (hembra).
Aptitudes: Enérgico, equilibrado, fiable y sometido. No es nervioso, ni tímido, ni agresivo.

ÉPAGNEUL BRETÓN
Altura: 48-51 cm (macho) y 47-50 cm (hembra).
Aptitudes: inteligente, sociable, siempre alerta, muy adaptable, equilibrado, perro de muestra para todo tipo de caza y en todo terreno.

GRIFÓN DE MUESTRA DE PELO DURO
Altura: 55-60 cm (macho) y 50-55 cm (hembra).
Aptitudes: afectuoso, activo, apegado al dueño y bueno con los niños.

BRACO DE WEIMAR DE PELO CORTO
Altura: 59-70 cm (macho) y 57-65 cm (hembra).
Aptitudes: dócil, equilibrado, apasionado y perseverante para la caza. Buen guardián, pero no agresivo.

GRAN MUNSTERLANDER
Altura: 60-65 cm (macho) y 58-63 cm (hembra).
Aptitudes: inteligente, estable, amigable y afectuoso, sociable, perro de caza polivalente.

SETTER ESCOCÉS O GORDON
Altura: 66 cm (macho) y 62 cm (hembra).
Aptitudes: inteligente, hábil y noble, intrépido, audaz y de carácter afable y estable.

SETTER IRLANDÉS DE PELO ROJO
Altura: 58-67 cm (macho) y 55-62 cm (hembra).
Aptitudes: astuto, inteligente, enérgico, afectuoso y leal.

SETTER INGLÉS
Altura: 65-68 cm (macho) y 61-65 cm (hembra).
Aptitudes: muy amistoso y activo, de carácter afable y con un agudo sentido para la caza.

OTROS PERROS DE MUESTRA

SETTER IRLANDÉS ROJO Y BLANCO
Altura: 62-66 cm (macho) y 57-61 cm (hembra).
Aptitudes: astuto, inteligente, gentil, muy amistoso y valiente, adiestrable.

ESPINONE
Altura: 60-70 cm (macho) y 58-65 cm (hembra).
Aptitudes: sociable, dócil y paciente, resistente al cansancio y cazador experimentado en todos los terrenos.

BRACO HÚNGARO
Altura: 58-64 cm (macho) y 54-60 cm (hembra).
Aptitudes: vivaz, amigable, equilibrado, fácilmente adiestrabley siempre dispuesto a colaborar.

BRACO DE AUVERNIA
Altura: 57-63 cm (macho) y 53-59 cm (hembra).
Aptitudes: manso, muy afectuoso, inteligente, dócil, se adapta bien a la vida en familia.

PERDIGUERO DE DRENTE
Altura: 58-63 cm (macho) y 55-60 cm (hembra).
Aptitudes: apacible, leal, inteligente, un perro de familia muy adecuado, además de excelente cazador.

DATOS

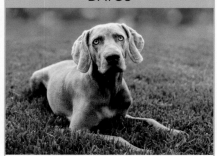

ORIGEN: Alemania
ALTURA: 59-70 cm los machos y
57-65 cm las hembras
PESO: 30-40 kg los machos y
25-35 kg las hembras
LONGEVIDAD: 11-14 años

CARÁCTER Y SOCIABILIDAD:
dócil, equilibrado, apasionado y
perseverante para la caza. Buen
guardián, pero no agresivo.

APTITUDES: de caza, rescate,
policía, rastreo. Más raramente,
de compañía.

ALIMENTO Y EJERCICIO: pienso
de calidad. Muy elevada necesidad
de ejercicio físico y mental.

CUIDADOS DEL MANTO:
cepillado 1-2 veces por semana.

SALUD: los mayores riesgos
son la displasia de cadera, las
enfermedades oculares y las
infecciones de oídos.

**REQUERIMIENTOS
ESPECIALES:**
adiestramiento
y socialización
temprana para
promover sus
capacidades.

BRACO DE WEIMAR DE PELO CORTO

Esta raza se ha dedicado tradicionalmente a la caza, ya
que es muy versátil y sirve tanto para el rastreo como
para la muestra y el cobro. Sin embargo, no es una raza
muy extendida, pues durante mucho tiempo las estrictas
normas de la asociación solo permitían entregar
cachorros a los cazadores profesionales.

Su pelaje de color gris plateado brillante y su elegante estampa
son, sin duda, un irresistible reclamo para todos los amantes de
los perros. Si se va a emplear para la caza, hay pocos mejores que
este hermoso braco: con fino olfato, persistente en la búsqueda
del rastro, resistente, capaz de trabajar en el agua, obediente con
su dueño, protector y guardián. En cambio, tenerlo como perro de
familia ya no resulta tan sencillo porque aunque se trata de un animal sensible, dócil y obediente, solo se muestra así con una sola
persona: la que le sirva de referencia y considere su dueño; al resto
solo lo tolera. Por supuesto, este carácter se puede encauzar con
un buen adiestramiento y una correcta socialización desde que es
un cachorro. Aún así, hay algo con lo que siempre se mostrará exigente: satisfacer su imperiosa necesidad de hacer ejercicio.

CABEZA: hocico largo y
poderoso, mandíbulas
fuertes, mejillas musculosas
y marcadas y trufa grande de
color castaño oscuro.

OREJAS:
anchas y
bastante largas,
ligeramente
redondeadas
en el extremo.

OJOS: de forma
redondeada,
colocados
ligeramente oblicuos
y de color ámbar
que varía de claro
a oscuro. En los
cachorros son azules.

COLA: de inserción baja,
poderosa, colgante en
reposo y horizontal cuando
caza y está alerta.

POINTER INGLÉS

El pointer inglés es el perro de muestra por excelencia que cuando detecta el olor de una presa, permanece inmóvil señalándole al cazador, con el hocico, la dirección en que se encuentra. Aunque habitualmente su origen se asocia con Gran Bretaña, parece que su antecesor pudo ser algún tipo de pointer español, cruzado con sabuesos franceses y foxhound.

El pointer se adapta muy bien a la vida en familia, ya que es extrovertido, simpático, cariñoso y fiel, convive armoniosamente con los niños y suele llevarse bien con otras mascotas domésticas. No se muestra territorial ni desconfía de los extraños, por lo que no es un buen guardián. Lo que sí necesita es pasar mucho tiempo en el campo, ya sea acompañando a su dueño en la caza o practicando alguna actividad deportiva alternativa. Esto es importante tenerlo en cuenta, porque si no practica suficiente ejercicio, acumulará grasa con enorme rapidez.

Es un animal muy obediente, pero aun así precisa de adiestramiento. Su inteligencia y su sensibilidad le permiten saber enseguida qué se espera de él y lo hace con gusto siempre que no se emplee la fuerza o se intente someterlo con dureza. Su cuerpo, musculoso, elegante y ágil, está cubierto por un pelaje corto, apretado y brillante. El color puede ser uniforme en negro o marrón hígado, bicolor en blanco y naranja, marrón hígado y blanco, negro y blanco o limón y blanco; también tricolor en las variaciones cromáticas anteriores.

DATOS

ORIGEN: Gran Bretaña
ALTURA: 63-69 cm los machos y 1-66 cm las hembras
PESO: 18-34 kg los machos y 16-30 kg las hembras
LONGEVIDAD: 12-17 años

CARÁCTER Y SOCIABILIDAD: apacible, inteligente, cariñoso, amable, sociable, leal, activo.

APTITUDES: de muestra y compañía.

ALIMENTO Y EJERCICIO: pienso con la carne como ingrediente principal y pocos cereales. Tiene gran necesidad de ejercicio, por lo que necesita 3-4 paseos al día combinados con salidas largas y activas.

CUIDADOS DEL MANTO: 2 cepillados a la semana con un cepillo de goma especial para perros de pelo corto.

SALUD: el mayor riesgo es la displasia de cadera.

REQUERIMIENTOS ESPECIALES: es un animal muy sensible al frío, la lluvia y la humedad.

COLA: gruesa en la raíz y adelgazándose hacia el extremo. La suele llevar al nivel del lomo.

CABEZA: de anchura media, con stop pronunciado y mandíbulas fuertes. La trufa suele ser oscura, excepto si el perro es de un color claro.

OJOS: con preferencia de color oscuro, nunca más claros que avellana.

OREJAS: bastante grandes y siempre caídas y pegadas a la cabeza.

SETTER IRLANDÉS DE PELO ROJO

Esta raza es la más antigua del grupo de los setters y se cree que se desarrolló a través de cruces del setter irlandés de pelo rojo y blanco con otra raza desconocida de pelo rojo. En un principio, se utilizaba solo para la caza, pero actualmente su presencia resulta mucho más frecuente como perro de exposición o de compañía.

Su aspecto elegante, con un cuerpo musculoso de proporciones bien equilibradas y su llamativo pelaje rojo caoba convierten al setter irlandés en uno de los perros de caza y compañía más populares. En la caza es muy versátil, ya que posee un magnífico olfato, es muy veloz y resistente y se desenvuelve bien en cualquier terreno, incluso en zonas encharcadas y pantanosas. En familia se muestra alegre, amistoso, cariñoso y juguetón, paciente con los niños, poco conflictivo con otros perros y mascotas domésticas y muy sociable incluso con los desconocidos, por lo que no resulta buen guardián. También se trata de un perro con ideas propias, pero como es inteligente, aprende con rapidez, siempre que se adiestre con cariño.

Sus mayores exigencias están relacionadas con el ejercicio, ya que es un animal muy activo que necesita dar largos paseos todos los días. Le gusta correr libremente, pero si el lugar no está vallado es mejor mantenerlo sujeto con la correa, pues su instinto cazador se puede despertar en cualquier momento (cuando eso ocurre, suele desoír las llamadas aunque esté bien adiestrado). Un perro tan activo no se adapta bien a vivir en un piso en la ciudad, pues precisa pasar tiempo al aire libre.

Es importante tener esto en cuenta, ya que la mayoría de los problemas de comportamiento que aparecen en esta raza se deben a una insuficiente práctica de ejercicio físico.

Un hermoso pelo rojo

El pelo del setter irlandés es sedoso y de diferente longitud en las distintas partes del cuerpo: corto y liso en la cabeza, la parte delantera de las patas y la punta de las orejas; largo y fino en la parte posterior de las extremidades; en forma de fleco largo en la parte superior de las orejas; abundante en el vientre, el pecho y la garganta; en la cola forma un fleco moderadamente largo que va decreciendo en longitud al aproximarse al extremo. El color es rojo caoba sin trazas de negro, a veces con una pequeña estrella blanca en la frente o finas listas de ese color en el pecho, la garganta, las patas o los dedos.

Este precioso manto requiere de bastantes cuidados para que se conserve brillante y en buen estado. Habrá que cepillarlo diariamente para que no formen enredos y, con este mismo fin, será necesario cortarle de vez en cuando el pelo que crece entre las almohadillas y detrás de las orejas. Conviene que, al menos una vez al año, ese recorte lo efectúe un peluquero canino.

DATOS ESPECÍFICOS

CARÁCTER Y SOCIABILIDAD: atlético, astuto, inteligente, enérgico, afectuoso, leal e independiente.

APTITUDES: de muestra y de compañía.

ALIMENTO Y EJERCICIO: pienso de calidad especial para perros de tamaño mediano, que contenga los nutrientes esenciales y estimule la masticación. Necesita al menos 2 horas diarias de ejercicio activo.

CUIDADOS DEL MANTO: cepillado diario y recorte de los flecos cada cierto tiempo.

SALUD: predisposición a padecer displasia de cadera, enfermedades oculares hereditarias y trastornos gastrointestinales.

REQUERIMIENTOS ESPECIALES: hay que revisar y limpiar las orejas periódicamente, pues, como todos los perros que las tienen caídas, presenta cierta predisposición a las infecciones.

El setter irlandés no es un perro apto para personas sedentarias, pues sus necesidades de ejercicio son elevadas. Tampoco para aquellos a quienes les guste la tranquilidad, porque aun no siendo ladrador, es muy bullicioso y tarda bastante en madurar.

CABEZA: larga y delgada, hocico moderadamente profundo y casi cuadrado al final. Trufa de color negro, caoba o nogal oscuro.

CUERPO: muy bien proporcionado, con cuello bien musculado, pero no grueso. Lomo levemente arqueado, pecho profundo y extremidades posteriores anchas y poderosas.

OJOS: no demasiado grandes y de color avellana oscuro o marrón oscuro.

OREJAS: de inserción baja, moderadamente largas que caen en un nítido doblez cerca de la cabeza.

COLA: de inserción baja, moderadamente larga, la lleva al nivel de la línea superior del cuerpo o un poco más baja.

SETTER INGLÉS

Esta raza es la perfecta exponente del perro de muestra: cuando localiza una pieza, generalmente un ave, adopta la típica posición de muestra y se queda agazapado y quieto hasta que el cazador le hace la señal para que la espante. Una vez abatida la presa, va a recogerla con gran velocidad.

DATOS

ORIGEN: Gran Bretaña
ALTURA: 65-68 cm los machos y 61-65 cm las hembras
PESO: entre 25 y 30 kg
LONGEVIDAD: 11-13 años

CARÁCTER Y SOCIABILIDAD: muy amistoso y activo, inteligente, cariñoso, de carácter afable, sensible y con un agudo sentido para la caza.

APTITUDES: de muestra, cobro, caza en zonas encharcadas y compañía.

ALIMENTO Y EJERCICIO: pienso adaptado a perros con gran actividad. Necesita más de 2 horas diarias de ejercicio.

CUIDADOS DEL MANTO: cepillado diario. Recortar regularmente el pelo que crece entre las almohadillas y debajo de las orejas.

SALUD: puede padecer displasia de cadera, problemas oculares hereditarios y un tipo de sordera también hereditario.

REQUERIMIENTOS ESPECIALES: revisar y limpiar regularmente las orejas.

El setter inglés es uno de los perros de caza más sociables y con mejor carácter, por lo que es un firme candidato para ejercer de animal de compañía. Es amable, cariñoso, muy alegre, afable y paciente con los niños, simpático con los extraños y amistoso con otros perros y mascotas con las que conviva habitualmente. Eso sí, cuando sale de casa se transforma en un perro cazador y persigue a cualquier animal que se cruce en su camino. También es un poco testarudo, por lo que toda la familia debe seguir las mismas pautas o el perro aprovechará cualquier resquicio para imponer su voluntad. Con delicadeza, paciencia y perseverancia se pueden lograr muy buenos resultados con esta raza tan sensible como obstinada. Otra cuestión que se debe tener en cuenta es que, a pesar de ser un animal inteligente que entiende con rapidez lo que se espera de él, solo aceptará el adiestramiento de buen grado si se han satisfecho previamente sus necesidades básicas, especialmente la de realizar suficiente ejercicio (y necesita mucho), ya que es un verdadero deportista que precisa pasar muchas horas al aire libre.

OJOS: de gran tamaño, con un color que varía del avellana al marrón oscuro, brillantes y de mirada dulce.

OREJAS: de inserción baja, cuelgan contra la cara formando pequeños pliegues.

CABEZA: hocico cuadrado, mandíbulas fuertes. Trufa gruesa, ancha, negra o de color hígado.

COLA: ligeramente curvada y cubierta con flecos largos y colgantes.

SETTER ESCOCÉS O GORDON

Es más robusto que el setter inglés y el irlandés. También un poco menos ágil y rápido. Aun así, se trata de un excelente perro de caza, especialmente de aves, con un olfato muy fino e igual de habilidoso en llanuras y bosques que en zonas encharcadas (es un magnífico nadador).

Aunque se trata de un perro de caza, también puede convertirse en un excelente animal de compañía para familias amantes de la naturaleza y con un estilo de vida deportivo, ya que tiene un carácter amable, simpático, sensible y muy sociable. Se lleva bien con los niños y disfruta participando en sus juegos, le gustan las caricias, es protector y buen guardián. No suele causar problemas con otros perros y se muestra reservado ante los extraños. También es un animal independiente, con ideas propias, que requiere un dueño con experiencia que sepa combinar firmeza con amabilidad y lo adiestre adecuadamente. Un requerimiento indispensable es proporcionarle un nivel de ejercicio físico muy elevado, una exigencia no asequible para todo el mundo. Si la actividad resulta insuficiente, el perro puede desarrollar comportamientos destructivos, ladrar en exceso o escaparse.

OREJAS: planas, terminadas ligeramente en punta y caídas.

CABEZA: maciza, con el cráneo redondeado, stop bien marcado, labios desarrollados y mandíbulas fuertes. La trufa es de color negro.

COLA: muy poblada de pelo, la lleva recta o algo curvada.

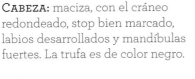

OJOS: muy vivos, de forma almendrada, color pardo y mirada inteligente.

DATOS

ORIGEN: Gran Bretaña
ALTURA: 66 cm los machos y 62 cm las hembras
PESO: 29,5 kg los machos y 25,5 kg las hembras
LONGEVIDAD: 10-12 años

CARÁCTER Y SOCIABILIDAD: inteligente, sagaz, trabajador, hábil y noble, intrépido, audaz y de carácter afable y estable.

APTITUDES: de muestra, cobro, guarda y compañía.

ALIMENTO Y EJERCICIO: pienso de calidad con una elevada proporción de carne. Necesita más de 2 horas diarias de ejercicio.

CUIDADOS DEL MANTO: cepillado y peinado, al menos, 2 veces por semana.

SALUD: es muy saludable. Los mayores riesgos son la displasia de cadera y los problemas oculares hereditarios.

REQUERIMIENTOS ESPECIALES: limpiarle regularmente las orejas para evitar infecciones.

ÉPAGNEUL BRETON

También conocida como spaniel bretón, esta raza es la más pequeña entre los perros de muestra, pero una de las preferidas para la caza, ya que se adapta muy bien a todo tipo de terrenos, es extraordinariamente ágil, tiene muy buen olfato y su entrenamiento no plantea problemas. En la actualidad también ha ganado muchos adeptos como animal de compañía.

DATOS BÁSICOS

ORIGEN: Francia

ALTURA: 48-51 cm los machos y 47-50 cm las hembras

PESO: 14-18 kg los machos y las hembras

LONGEVIDAD: 12-15 años

La misma adaptabilidad que el épagneul presenta para la caza, la manifiesta para la vida en familia como animal de compañía. Siempre que se le proporcione la oportunidad de practicar suficiente ejercicio —tiene una necesidad elevada de actividad física—, este perro se mostrará equilibrado y muy simpático, sociable, cordial y muy apegado al líder de su familia humana. También acogerá con extraordinaria ternura a los más pequeños de la casa, saludará alegre a los extraños y no entrará en conflicto con otros perros ni mascotas caseras siempre que haya convivido con ellas desde cachorro y las considere parte de la familia. Su adiestramiento tampoco reviste demasiadas complicaciones, pues es un animal inteligente y perspicaz, siempre alerta, al que le gusta complacer a su dueño. En lo que habrá que insistir mucho es en encauzar su gran instinto cazador.

Como ya se ha indicado, se trata de un perro muy enérgico y dinámico, no apto para la ciudad. Se sentirá más feliz en una casa que disponga de un amplio jardín vallado (esto último es importante, ya que le gusta explorar y tiene tendencia a escaparse) en el que pueda correr y jugar. Se divierte mucho con las actividades en el agua y los deportes caninos, como el agility. Pero ni las carreras ni el deporte liberan de la obligación de sacarlo a dar largos paseos…, y estamos hablando de tres salidas diarias de entre 30 minutos y una hora cada una. Si no se dispone de ese tiempo, es preferible elegir otra raza menos exigente en ese aspecto.

Los cuidados del manto

El pelo del épagneul es muy fino, pero no sedoso, y puede mostrarse tanto liso como ligeramente ondulado, siempre pegado al cuerpo. Su longitud varía según las zonas: en la cabeza, el lomo y la parte anterior de las extremidades es más corto, mientras en la parte posterior de estas y junto al vientre se muestra más abundante y tupido. Los colores más habituales son el blanco y naranja, blanco y negro, y blanco y marrón; los parches de color más o menos extendidos forman franjas irregulares. También se admiten las combinaciones tricolores en cualquiera de los tonos mencionados. En tales casos, a veces aparecen manchas de color fuego que van desde los tonos anaranjados a los rojizos más oscuros sobre la caña nasal, por encima de los ojos, en los labios, la parte frontal del pecho, la cola y las extremidades.

DATOS ESPECÍFICOS

La actividad que más complace al épagneul es la caza. En ella demuestra sus excelentes cualidades como rastreador, perro de muestra y cobrador de piezas.

CABEZA: ligeramente redondeada, con la caña nasal rectilínea. Trufa ancha, de color variable y en armonía con el del pelaje.

OREJAS: de inserción alta, forma triangular, anchas y no muy largas.

OJOS: ligeramente oblicuos, con preferencia de color oscuro y expresión dulce e inteligente.

CUERPO: compacto, ágil y fuerte, de formas armoniosas. Cuello musculoso, pecho amplio y extremidades robustas.

COLA: de inserción alta, la lleva horizontal o ligeramente colgante.

CARÁCTER Y SOCIABILIDAD: sociable, equilibrado, inteligente, siempre alerta.

APTITUDES: de muestra, cobro en agua, de compañía.

ALIMENTO Y EJERCICIO: el componente principal debe ser la carne. Hay que vigilar el peso si no hace mucho ejercicio. Extraordinariamente activo, necesita 3 paseos diarios de entre 30 minutos y 1 hora cada uno.

CUIDADOS DEL MANTO: cepillado diario para eliminar suciedad y enredos.

SALUD: en general, muy robusto, aunque muestra una ligera tendencia a la displasia de cadera.

REQUERIMIENTOS ESPECIALES: revisar las orejas con mucha regularidad, evitando que conserven calor o humedad, pues eso favorece la aparición de infecciones y la proliferación de parásitos.

GRIFÓN DE MUESTRA DE PELO DURO

Aunque los antepasados de esta raza fueron holandeses, se considera un perro galo porque fue en Francia donde se desarrolló. También conocido con el nombre de grifón Korthals, este animal fue creado para adaptarse a la caza en cualquier terreno.

El aspecto de este perro resulta inconfundible por sus cejas prominentes, cubiertas de pelo y algo enmarañadas, que no llegan a ocultarle los ojos, así como por su bigote y barba aparentes que le proporcionan una expresión segura y firme. También su manto resulta muy característico: es de doble capa, con una inferior muy densa y fina y una superior de pelo duro y áspero.

Este grifón muestra un carácter excelente como perro de familia: cariñoso, simpático y sociable, manso y muy apegado a su dueño, se muestra afable con los niños y no suele ocasionar problemas en el trato con otros perros. También es protector, valiente y le gusta cuidar a la familia y su territorio, por lo que puede emplearse como guardián. No es difícil de adiestrar, pero conviene hacerlo con la adecuada combinación de firmeza y cariño. Su mayor exigencia se relaciona con el nivel elevado de ejercicio físico que necesita.

DATOS

ORIGEN: Francia
ALTURA: 55-60 cm los machos y 50-55 cm las hembras
PESO: alrededor de 23-27 kg
LONGEVIDAD: 10-12 años

CARÁCTER Y SOCIABILIDAD: afectuoso, inteligente, activo y vivaz, amistoso con los niños y apegado a su dueño.

APTITUDES: de muestra y compañía.

ALIMENTO Y EJERCICIO: pienso de calidad con elevado contenido de carne. El peso de la ración dependerá de la intensidad de la actividad física que realice. Necesita unas 2 horas diarias de ejercicio.

CUIDADOS DEL MANTO: cepillado y peinado al menos 2 veces a la semana.

SALUD: los mayores riesgos son la displasia de cadera y las enfermedades oculares hereditarias.

REQUERIMIENTOS ESPECIALES: revisar regularmente las orejas y limpiarlas para evitar infecciones.

OJOS: grandes y redondos, de color pardo o amarillo oscuro y mirada inteligente y expresiva.

OREJAS: de tamaño mediano, planas y colgantes a los lados de la cara.

CABEZA: grande y larga con barba, bigotes y cejas muy pronunciados y evidentes. La trufa es de color pardo.

COLA: cubierta de abundante pelo, pero sin penacho. La lleva en horizontal o con el extremo ligeramente levantado.

GRAN MUNSTERLANDER

Surgió como una variante cromática del perro de muestra alemán de pelo largo (solo estaba permitido en marrón y blanco). Cuando nacían cachorros blancos y negros, aunque tuvieran un noble linaje, se entregaban a granjeros y cazadores, y a partir de estos se obtuvo la nueva raza.

Con un cuerpo fuerte, musculoso y de apariencia elegante, el munsterlander ofrece una impresión general atrevida y segura que dice mucho de su carácter. Nos encontramos ante un animal dominante, sereno e inteligente que precisa de un dueño experimentado que sepa adiestrarlo con refuerzos positivos. Su educación es fácil, ya que es curioso, listo y está deseoso de aprender. Al mismo tiempo, también es un animal muy cariñoso y simpático, apegado a la familia y encantador con los niños. Su actitud vigilante y valiente lo convierte en un buen perro de guarda que avisa con fuertes ladridos de la presencia de un extraño o de algo sospechoso, pero no es nada agresivo. Esta raza resulta apropiada para personas que lleven un estilo de vida activo y deportista, ya que necesita mucho ejercicio físico.

Los deportes de campo, los juegos de recuperar objetos o las carreras en un jardín (vallado, porque tiende a escaparse) son algunas de sus actividades favoritas. También le encanta el agua.

COLA: la lleva en horizontal o ligeramente arqueada hacia arriba.

CABEZA: de forma alargada, con el hocico fuerte y bien desarrollado, trufa prominente de color negro.

OJOS: cuanto más oscuros, mejor. Párpados bien ajustados.

DATOS

ORIGEN: Alemania
ALTURA: 60-65 cm los machos y 58-63 cm las hembras
PESO: alrededor de 30 kg
LONGEVIDAD: 10-12 años

CARÁCTER Y SOCIABILIDAD: inteligente, cariñoso, simpático, amistoso con los niños, fácilmente adiestrable.

APTITUDES: de muestra, rastreo, cobro y compañía.

ALIMENTO Y EJERCICIO: pienso de calidad. Necesita al menos 2 horas diarias de ejercicio físico.

CUIDADOS DEL MANTO: cepillar y peinar el pelo 1 vez a la semana. De vez en cuando hay que recortar el pelo que crece entre las almohadillas de los dedos.

SALUD: bastante buena. El mayor riesgo es la displasia de cadera.

REQUERIMIENTOS ESPECIALES: como en todos los perros de orejas caídas es preciso revisarlas y limpiarlas regularmente para evitar infecciones.

OREJAS: de inserción relativamente alta, anchas y con las puntas redondeadas.

COBRADORES Y LEVANTADORES DE CAZA, PERROS DE AGUA

LABRADOR RETRIEVER
Altura: 56-57 cm (macho) y 54-56 cm (hembra).
Aptitudes: muy inteligente, dócil y afable. Buen nadador y cobrador de caza.

En general, todas son razas que se emplean en la caza de aves: las de cobro recogen la pieza una vez abatida; las levantadoras rastrean la pieza, la obligar a alzar el vuelo y después la recuperan; las de agua se emplean en el cobro en zonas pantanosas o marinas.

GOLDEN RETRIEVER
Altura: 56-61 cm (macho) y 54-56 cm (hembra).
Aptitudes: buen carácter, inteligente, afable, dócil y complaciente, muy aficionado al agua.

COCKER SPANIEL AMERICANO
Altura: entre 34 y 39 cm.
Aptitudes: equilibrado, inteligente, alegre y dulce con los niños.

SPRINGER SPANIEL INGLÉS
Altura: 48- 56 cm (macho) y 46- 51 cm (hembra).
Aptitudes: amistoso, alegre y dócil, nada agresivo. Se emplea como levantador y cobrador de caza.

COCKER SPANIEL INGLÉS
Altura: 39-41 cm (macho) y 38-39 cm (hembra).
Aptitudes: alegre, cariñoso, exuberante, dócil, levantador de caza y animal de compañía.

PERRO DE AGUA ESPAÑOL
Altura: 44-50 cm (macho) y 40-46 cm (hembra).
Aptitudes: alegre, equilibrado, fiel, obediente, valiente, con gran capacidad de aprendizaje y muy adaptable.

COBRADOR DE PELO LISO
Altura: 59-61,5 cm (macho) y 56,5-59 cm (hembra).
Aptitudes: optimista, amistoso, confiado, bondadoso, inteligente, activo.

OTROS PERROS TIPO COBRADORES Y LEVANTADORES DE CAZA, PERROS DE AGUA

PERRO DE AGUA DE ROMAGNA
Altura: 43-48 cm (macho) y 41-46 cm (hembra).
Aptitudes: entusiasta, cariñoso, muy apegado a su dueño, poco exigente, con muy buen olfato y excelente guardián.

PERRO DE AGUA PORTUGUÉS
Altura: 50-57 cm (macho) y 43-52 cm (hembra).
Aptitudes: impetuoso, valiente, resistente, extraordinario nadador, asistente en la pesca y para recuperar las presas. También de compañía.

BARBET O PERRO DE AGUA FRANCÉS
Altura: 58-65 cm (macho) y 53-61 cm (hembra).
Aptitudes: muy sociable, equilibrado y apegado a sus dueños. Es amante del agua.

SPRINGER SPANIEL GALÉS
Altura: 48 cm (macho) y 46 cm (hembra).
Aptitudes: robusto, alegre, afable, muy activo, equilibrado, nada agresivo.

FIELD SPANIEL
Altura: alrededor de 46 cm (macho y hembra).
Aptitudes: inteligente, equilibrado, activo, independiente, sensible, dócil, no apto para ciudad.

PERDIGUERO ALEMÁN
Altura: 48-54 cm (macho) y 45-52 cm (hembra).
Aptitudes: vivaz, amistoso, dócil y adaptable, apasionado por la caza.

GOLDEN RETRIEVER

Para esta raza existen dos líneas de cría: una de trabajo (en la que se incentiva su instinto para la caza) y otra de exposición (que se orienta principalmente a lograr mayor belleza exterior). Los primeros son más atléticos, esbeltos y temperamentales, mientras que los de la segunda línea son más compactos, con el pelo más claro y largo y un carácter más tranquilo y relajado.

DATOS BÁSICOS

ORIGEN: Gran Bretaña
ALTURA: 56-61 cm los machos y 51-56 cm las hembras
PESO: 30-32 kg los machos y 25-28 kg las hembras
LONGEVIDAD: 10-12 años

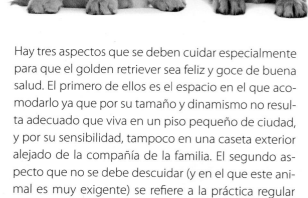

El golden retriever es una de las razas caninas que goza de mayor popularidad como perro de familia. Y es que basta observar su aspecto atractivo, poderoso y bien proporcionado, así como su expresión cordial, dulce y bondadosa, para quedar cautivados por él. Además, es uno de los perros más obedientes y fácilmente adiestrables que existen. Disfruta mucho aprendiendo cosas nuevas, se adapta muy bien a cualquier situación y le encanta participar en las actividades cotidianas de sus dueños. Es tranquilo, confiado, alegre y muy juguetón, por lo que resulta ideal para familias con niños, con los que congenia rápidamente. También convive sin problemas con gatos y otras mascotas domésticas. Es inteligente y posee una gran memoria, pero carece de instinto protector, por lo que no es un buen perro guardián. Estas características, unidas a su sensibilidad, lo convierten en un espléndido perro lazarillo, de terapia y asistencia. Por su agudo olfato, la policía también lo ha empleado como perro de salvamento y para la búsqueda de drogas y explosivos.

Hay tres aspectos que se deben cuidar especialmente para que el golden retriever sea feliz y goce de buena salud. El primero de ellos es el espacio en el que acomodarlo ya que por su tamaño y dinamismo no resulta adecuado que viva en un piso pequeño de ciudad, y por su sensibilidad, tampoco en una caseta exterior alejado de la compañía de la familia. El segundo aspecto que no se debe descuidar (y en el que este animal es muy exigente) se refiere a la práctica regular de ejercicio físico y mental. No hay que olvidar que se trata de un perro de caza y, como tal además de los paseos rutinarios, necesita mucha actividad y que esta le plantee retos, como juegos de traer la pelota o deportes caninos. Siente verdadera pasión por el agua y le encanta nadar. Por último, el tercer aspecto al que se debe prestar atención es a su alimentación, porque otra de las pasiones del golden retriever es comer. Tiene un enorme apetito que lo puede llevar a situaciones de sobrepeso si no se controlan sus raciones diarias desde que es un cachorro, adecuándolas al nivel de actividad que realice.

Este perro es un compañero fiel y cariñoso al que le gusta mucho divertirse de forma activa y en familia. Quedarse solo durante horas o permanecer tumbado todo el día no le sienta nada bien.

Un manto dorado

El pelo del golden retriever es semilargo, liso o ligeramente ondulado, pero nunca rizado. Su color puede variar entre las distintas tonalidades de dorado y crema. No está permitido ningún otro color, salvo la presencia de algunos pelos blancos en el antepecho. Bajo ese hermoso pelaje se extiende un subpelo muy denso e impermeable que le permite soportar bien el frío y la humedad. Un inconveniente es que pierde pelo durante todo el año.

CABEZA: bien proporcionada. Hocico poderoso, amplio y profundo, mandíbulas fuertes y trufa preferentemente de color negro.

OREJAS: de inserción a la altura de los ojos y tamaño mediano.

OJOS: separados, de color marrón oscuro. El borde del párpado también es oscuro.

CUERPO: armonioso, fuerte y poderoso, con cuello fuerte, lomo corto y musculoso y extremidades sólidas de huesos robustos.

COLA: de inserción alta, que lleva horizontal o ligeramente colgante.

DATOS ESPECÍFICOS

CARÁCTER Y SOCIABILIDAD: inteligente, bondadoso, amable, simpático, dócil, confiado, activo y trabajador incansable.

APTITUDES: de muestra, cobro en tierra y agua, perro guía para invidentes, de compañía.

ALIMENTO Y EJERCICIO: medir muy bien las raciones diarias para evitar el sobrepeso y repartirlas en varias tomas para regular un poco su gran apetito y minimizar el riesgo de una posible distensión de estómago. Activo y dinámico, necesita combinar los paseos diarios con otras actividades que le planteen retos físicos y mentales.

CUIDADOS DEL MANTO: cepillado 2-3 veces por semana para evitar que el pelo se enrede.

SALUD: tiene tendencia a padecer displasia de cadera y codo, así como problemas oculares.

REQUERIMIENTOS ESPECIALES: revisar de forma regular los ojos, los oídos y los dientes.

DATOS

ORIGEN: Gran Bretaña
ALTURA: 56-57 cm los machos y 54-56 cm las hembras
PESO: 29-36 kg los machos y 25-32 kg las hembras
LONGEVIDAD: 10-12 años

CARÁCTER Y SOCIABILIDAD: buen carácter, inteligente, afable, simpático, dócil y complaciente, muy aficionado al agua.

APTITUDES: cobrador de caza y animal de compañía.

ALIMENTO Y EJERCICIO: carne (mínimo 70 %) con fruta y verdura (20-30 %) y pocos cereales. Necesita al menos 2 horas diarias de ejercicio.

CUIDADOS DEL MANTO: cepillado semanal.

SALUD: los mayores riesgos son la displasia de cadera y codo y los trastornos oculares de tipo hereditario.

REQUERIMIENTOS ESPECIALES: revisar periódicamente los ojos, los oídos y los dientes. Cortarle las uñas con regularidad.

LABRADOR RETRIEVER

El origen de esta raza es el mismo que el del terranova y el landseer de la costa este de Canadá. Sus antepasados ayudaban en la caza y a recuperar los peces de las redes. Los pescadores ingleses llevaron al labrador retriever desde Canadá a Gran Bretaña y allí se logró criarlo.

Este perro grande y de constitución fuerte tiene muy buen temperamento, es tranquilo, afable y cariñoso con todo el mundo, establece fuertes lazos afectivos con sus dueños y es muy obediente y complaciente, dócil y adaptable a cualquier situación. Adora a los niños, es paciente con ellos y le gusta participar en sus juegos. Pero hay que estar dispuesto a proporcionarle el elevado ritmo de actividad que precisa. Le gusta mucho el agua y los juegos de buscar y atrapar objetos. Combinar estas actividades con algún deporte canino y los paseos diarios de rigor es la mejor receta para que este perro sea feliz y muestre sus excelentes cualidades.

Tiene un manto de doble capa con una exterior corta y densa y una interior impermeable al agua. Este tipo de pelo corto no exige muchos cuidados. Lo que sí debe vigilarse estrictamente es su alimentación para evitar problemas de sobrepeso, ya que es una raza muy glotona.

CABEZA: grande, con el hocico poderoso y no afilado, stop bien definido y trufa amplia.

OJOS: de tamaño mediano y color castaño o avellana, con mirada inteligente.

OREJAS: de inserción hacia atrás, longitud media, cuelgan pegadas a la cabeza.

COLA: muy gruesa en la base y adelgazándose hacia la punta, sin flecos.

COBRADOR DE PELO LISO

Esta raza, también conocida por su denominación inglesa (flat coated retriever), está extraordinariamente bien dotada para la caza, especialmente para el cobro en llanura o en zonas con árboles y matorrales. También ofrece un buen rendimiento en lugares pantanosos. Es un animal muy intuitivo y con un magnífico olfato.

Lo primero que hay que tener en cuenta si se elige un ejemplar de esta raza como perro de compañía es que se trata de un animal básicamente cazador y dedicado al trabajo, con todo lo que eso implica. El requisito básico es que se debe disponer del tiempo suficiente para ofrecerle la oportunidad de que haga mucho ejercicio, ya sea corriendo, nadando (que es una actividad que le encanta) o participando en juegos de recuperar objetos. Por lo demás, es un animal amable y alegre que es feliz conviviendo con las personas y trabajando para ellas. Es dócil, tranquilo y flexible, poco ladrador y muy entusiasta con los niños. A los extraños los anunciará con un ladrido, pero los dejará entrar sin problemas, por lo que no sirve como guardián. Es inteligente y aprende rápido, aunque también puede mostrarse un poco cabezota. Su pelo es denso y bastante lacio, de una textura entre fina y mediana, con flecos en las patas y la cola.

DATOS

ORIGEN: Gran Bretaña
ALTURA: 59-61,5 cm los machos y 56,5-59 cm las hembras
PESO: 27-36 kg los machos y 25-32 kg las hembras
LONGEVIDAD: 8-14 años

CARÁCTER Y SOCIABILIDAD: optimista, amigable, confiado, cariñoso, paciente con los niños, obediente, inteligente, adiestrable.

APTITUDES: de muestra, cobro y compañía.

ALIMENTO Y EJERCICIO: pienso de calidad. Necesita al menos 2 horas diarias de ejercicio.

CUIDADOS DEL MANTO: cepillar y peinar diariamente prestando especial atención a los flecos.

SALUD: tiene propensión a padecer tipos agresivos de cáncer.

REQUERIMIENTOS ESPECIALES: recortar periódicamente el pelo que crece entre las uñas y revisar y limpiar las orejas.

OREJAS: pequeñas y pegadas a la cabeza.

CABEZA: larga y delicadamente moldeada, mandíbulas fuertes y trufa con orificios nasales amplios.

OJOS: de tamaño mediano, color marrón o avellana y mirada inteligente.

COLA: corta y nunca llevada por encima de la línea dorsal.

COCKER SPANIEL INGLÉS

Parece que los spaniels proceden de los épagneuls que los soldados de Julio César llevaron a Gran Bretaña desde Hispania. Durante muchos siglos, sus descendientes se consideraron de la misma raza y solo se hacían diferencias en cuanto al tamaño o el medio (tierra o agua) en el que cazaban mejor. Las siete razas actuales no tuvieron reconocimiento oficial hasta el siglo XIX.

DATOS BÁSICOS

ORIGEN: Gran Bretaña
ALTURA: 39-41 cm los machos y 38-39 cm las hembras
PESO: 13-16 kg los machos y 12-15 kg las hembras
LONGEVIDAD: 12-15 años

El dicho popular «La cara es el espejo del alma» se cumple de maravilla en el cocker spaniel. No hay más que mirarlo para saber que es un perro alegre y animado, muy sociable y siempre dispuesto a jugar y divertirse. Es fiel, mimoso y se siente muy apegado a sus dueños, especialmente a los niños. Aunque puede ladrar a los extraños, enseguida se hace amigo de ellos, por lo que no es un buen guardián. Con otros perros y con las mascotas domésticas también suele llevarse bien, siempre que no se tope con ellas en la naturaleza y las vea como posibles presas. No hay que olvidar que el cocker spaniel es un excelente perro de caza, a pesar de que ahora apenas se emplee con esa finalidad.

Si hay que ponerle un defecto es que es muy glotón, lo que hace que muestre tendencia al sobrepeso. Ese aspecto, el de la alimentación, es uno de los que más se deben cuidar y hay que estar atento para no caer en las trampas de este gran actor capaz de mirar con carita de pena para conseguir una golosina. Precisamente esa faceta de su carácter es una de las que se debe corregir con el adiestramiento. En realidad, es fácil enseñar a un cocker, ya que es un perro inteligente y al que le gusta agradar, pero siempre se le debe educar con comprensión y dulzura.

Un animal tan vital necesita hacer ejercicio diariamente. Lo más conveniente es combinar los paseos diarios habituales con juegos que le permitan correr o que estimulen su mente, como el rastreo y el cobro de objetos. A algunos también les gusta el agua y los baños.

Un manto que exige cuidados

El cocker está cubierto de un pelo liso y sedoso, nunca áspero, ondulado o rizado, que se extiende por todo el cuerpo y forma largos flecos en las orejas y la parte delantera y trasera de las patas. Se admiten cuatro tipos de patrones de color: sólido en negro, rojo, dorado o hígado (chocolate), a veces con un poco de blanco en el pecho; bicolor en negro y blanco, naranja y blanco, hígado y blanco, limón y blanco, negro y fuego o hígado y fuego, con o sin moteado; tricolor en negro, blanco y fuego o hígado, blanco y fuego; y ruanos (en azul ruano, naranja ruano, limón ruano, hígado ruano, azul ruano y fuego o hígado ruano y fuego).

Este pelaje exige cuidados muy laboriosos y conviene acostumbrar al animal a dejarse manipular desde que es un cachorro. Es necesario cepillarle el pelo diariamente para evitar que se enrede, especialmente en la

El cocker spaniel inglés disfruta de la caza, actividad en la que demuestra cualidades como rastreador, perro de muestra y cobrador de piezas.

zona de las axilas y las orejas. Tampoco hay que olvidarse de cepillar el pelo de las patas y lavarlo si es necesario. Cada dos meses aproximadamente conviene cortarle el pelo del lomo, el collar, bajo las orejas y debajo del vientre, así como el que sobresale de las almohadillas.

CUERPO: compacto, deportivo, robusto y bien equilibrado, con el lomo corto y ancho y el pecho profundo.

CABEZA: bien modelada, con el stop muy marcado, el hocico cuadrado, las mandíbulas fuertes y la trufa amplia para percibir bien los olores.

OREJAS: de inserción baja y completamente cubiertas de un pelo sedoso y largo.

OJOS: alegres y brillantes, de color marrón más o menos oscuro, dependiendo del pelaje.

COLA: levemente curvada, más gruesa en la base, normalmente en continuo y alegre movimiento.

DATOS ESPECÍFICOS

CARÁCTER Y SOCIABILIDAD: alegre, cariñoso, bueno, sociable, exuberante, dócil, se lleva muy bien con los niños.

APTITUDES: levantador de caza, de compañía.

ALIMENTO Y EJERCICIO: pienso de calidad o comida preparada con 200-250 g de carne y 60-80 g de arroz y verduras. Debe vigilarse el peso regularmente. Muy activo, necesita 1-2 horas diarias de ejercicio.

CUIDADOS DEL MANTO: cepillado diario y corte cada 2-3 meses.

SALUD: uno de los problemas más comunes son las infecciones de oído. Además, puede sufrir displasia de cadera y trastornos oculares hereditarios.

REQUERIMIENTOS ESPECIALES: revisar las orejas con mucha regularidad y limpiarlas para evitar la aparición de infecciones y la proliferación de parásitos.

DATOS

ORIGEN: Estados Unidos
ALTURA: 37-39 cm los machos y
34-37 cm las hembras
PESO: entre 11 y 12 kg
LONGEVIDAD: 12-15 años

CARÁCTER Y SOCIABILIDAD:
equilibrado, alegre, tolerante,
inteligente, obediente, dulce,
respetuoso, muy amistoso con
los niños.
APTITUDES: rastreo, levantador
de caza y de compañía.
ALIMENTO Y EJERCICIO: pienso
de calidad. Necesita al menos
2 horas diarias de ejercicio.
CUIDADOS DEL MANTO: requiere
mucho mantenimiento, con
cepillado y peinado diario y un
recorte cada 4 semanas.
SALUD: el problema más frecuente
son las infecciones de oídos.
REQUERIMIENTOS ESPECIALES:
como tiene las orejas largas, hay
que revisarlas de forma regular
para eliminar espigas o cualquier
cuerpo extraño que se le haya
quedado enganchado, o de que
se hayan infestado de garrapatas.
Asimismo se han de examinar
los oídos.

COCKER SPANIEL AMERICANO

Esta raza se creó en Estados Unidos a partir de los
cocker spaniels ingleses que llevaron los emigrantes del
Maiflower en 1620. El cocker americano se diferencia de
su pariente británico por la forma de la cabeza, que es
más redondeada, y por su pelaje mucho más tupido y
largo, que le aporta un aspecto muy elegante.

Lo primero que llama la atención de este perro es su hermoso y
sedoso manto, liso o ligeramente ondulado, que se presenta corto y fino en la cabeza, de longitud media en el cuerpo y abundante y cayendo en forma de flecos en las orejas, el pecho, el vientre
y la parte posterior de las patas. En cuanto al color, hay tres variantes: el negro azabache sólido, a veces con manchas color fuego y algo de blanco en el pecho o el cuello; cualquier otro color
sólido desde los tonos crema más claros al rojo más oscuro, incluyendo el pardo y el pardo con manchas color fuego, a veces con
los flecos más claros y algo de blanco en el pecho o el cuello; y,
por último, las variaciones de dos o más colores sólidos. Además
del indudable atractivo que le aporta ese pelaje, el cocker americano se ha ganado su lugar como perro de familia por
su buen carácter. Es un pequeño torbellino veloz,
resistente, alegre, sociable, muy cariñoso con
los niños y apegado a sus dueños.

COLA: la lleva
en línea con
el dorso y
en continuo
movimiento.

CABEZA: delicadamente
modelada y proporcionada,
con hocico ancho y profundo,
los labios superiores llenos que
cubren el maxilar inferior, trufa
amplia y de color en armonía con
el del pelaje.

OJOS: redondos, dirigidos hacia el
frente y de color marrón oscuro.

OREJAS: largas, delgadas y
cubiertas de abundante pelo en
forma de flecos.

SPRINGER SPANIEL INGLÉS

Esta raza se considera la más antigua de los spaniels de caza. Se trata del perro más esbelto y con las extremidades más largas de los spaniels ingleses, lo que le proporciona mayor potencia y velocidad. Tradicionalmente se ha empleado para descubrir y cobrar piezas en todo tipo de terrenos.

DATOS

ORIGEN: Gran Bretaña
ALTURA: 48-56 cm los machos y 46-51 cm las hembras
PESO: 20-25 kg los machos y 18-23 kg las hembras
LONGEVIDAD: 12-14 años

CARÁCTER Y SOCIABILIDAD: optimista, amigable, confiado, cariñoso, paciente con los niños, obediente, inteligente, adiestrable.

APTITUDES: de muestra, cobro y compañía.

ALIMENTO Y EJERCICIO: pienso de calidad. Necesita al menos 2 horas diarias de ejercicio.

CUIDADOS DEL MANTO: cepillar y peinar diariamente prestando especial atención a los flecos.

SALUD: tiene propensión a padecer trastornos oculares y displasia de cadera y codo.

REQUERIMIENTOS ESPECIALES: recortar periódicamente el pelo alrededor de la cabeza, patas y orejas.

El buen carácter de este spaniel lo convierte en un magnífico perro de familia: es extrovertido, sociable, alegre, cariñoso, muy dócil y obediente. Además, convive muy bien con los niños y no suele plantear problemas con otros perros y mascotas domésticas. Su notable inteligencia y sus ganas de agradar hacen que el adiestramiento no resulte complicado, incluso para dueños principiantes.

Uno de los mayores atractivos físicos de este spaniel es su manto formado por un denso pelaje lacio, muy resistente a las inclemencias del tiempo y a la suciedad. Mantener en buen estado su manto requiere atención diaria, en especial en las zonas con flecos. Conviene cepillarlo todos los días para evitar los enredos, sobre todo si ha estado corriendo entre arbustos y maleza, pues así se eliminarán las ramitas que hayan quedado enganchadas. Periódicamente habrá que llevarlo a una peluquería canina.

CABEZA: ligeramente redondeada, se eleva un poco en la frente. Hocico ancho, mandíbulas fuertes y trufa bien desarrollada.

OREJAS: de inserción junto a los ojos, largas, anchas y cubiertas de pelo largo.

OJOS: de tamaño medio y forma almendrada, color avellana oscuro.

COLA: de inserción baja, cubierta de pelo en forma de flecos.

PERRO DE AGUA ESPAÑOL

Esta raza existe desde muy antiguo en la península ibérica, especialmente en Andalucía, donde se concentran las mayores poblaciones. Es un perro de aspecto rústico con un pelaje que se adapta muy bien al régimen de estancamiento de agua y sequía que alterna en las marismas que cubren algunas zonas del paisaje andaluz.

DATOS BÁSICOS

ORIGEN: España

ALTURA: 44-50 cm los machos y 40-46 cm las hembras

PESO: 18-22 kg los machos y 14-18 kg las hembras

LONGEVIDAD: 10-14 años

No hay quien pueda resistirse al encanto de este perro, que derrocha simpatía y posee una gran capacidad para entender lo que se espera de él. Es leal, muy fiel y alegre, cordial, atento y le gusta participar en las actividades de la familia, en la que suele establecer un vínculo más fuerte con uno de sus miembros. Tiene una tendencia natural a proteger, ya que en origen una de sus ocupaciones fue cuidar y vigilar los rebaños. También es valiente, pero no suele mostrarse agresivo. Si advierte algún peligro, se limitará a ladrar como señal de aviso. Suele llevarse bien con otros perros, pero no tanto con los gatos, a no ser que haya estado en contacto con ellos desde cachorro. Es un perro adecuado para principiantes debido a que, por su inteligencia y extraordinario entendimiento, resulta muy fácil de adiestrar.

Aunque se amolda con gran facilidad a cualquier situación y estilo de vida, es recomendable no descuidar sus sesiones de juego y ejercicio, ya que es un perro muy deportista. Disfruta con las largas caminatas y los juegos de inteligencia, se divierte aprendiendo sencillos trucos y también muestra muy buenas aptitudes para todo tipo de deportes caninos, desde el agility hasta el divertido dog dancing. Le encanta el agua, así que disfrutará mucho si tiene la oportunidad de nadar. En definitiva, una familia deportista nunca se aburrirá con este perro.

Un manto rizado y lanoso

Además de su aspecto rústico, otra característica que define a este perro es su manto, formado por un pelo de consistencia lanosa y rizado cuando es corto, que forma cordeles si es más largo. Normalmente se le corta de manera uniforme (no «estética») de modo que los rizos extendidos midan entre 3 y 15 cm. Los cachorros nacen con el pelo rizado. Debajo de esa capa tiene un subpelo muy denso e impermeable que lo protege muy bien cuando practica actividades acuáticas. En cuanto al color, hay tres variedades: de color uniforme en blanco, negro o marrón (en diferentes tonalidades); bicolor en blanco y negro o

Este perro es adecuado para familias deportistas, ya que le gusta pasar mucho tiempo al aire libre jugando, corriendo o practicando algún deporte canino.

blanco y marrón (también en distintas tonalidades) y tricolor en una combinación de los colores indicados.

Este tipo de manto no exige demasiados cuidados, ya que el animal apenas pierde pelo. Solo hay que hacerle los cortes indicados y pasar los dedos entre los rizos para eliminar las ramitas que se le hayan podido quedar enganchadas.

CABEZA: fuerte, con stop poco marcado, comisura labial definida, colmillos desarrollados y trufa pigmentada del mismo color que el manto o un poco más oscura.

OJOS: ligeramente oblicuos, color desde castaño a avellana y mirada muy expresiva.

COLA: de inserción media. Algunos nacen sin cola.

CUERPO: armónico, atlético y bien musculado, con la espalda recta y fuerte, el pecho ancho y profundo, y las extremidades sólidas.

DATOS ESPECÍFICOS

CARÁCTER Y SOCIABILIDAD: simpático, alegre, juguetón, sociable, inteligente, equilibrado, fiel, obediente, activo, vigilante, valiente.

APTITUDES: pastor, ayudante de cazadores de aves acuáticas y pescadores, de compañía.

ALIMENTO Y EJERCICIO: es importante adecuar las raciones al nivel de actividad que lleva el perro para evitar problemas de obesidad. Necesita al menos 1 hora diaria de ejercicio activo.

CUIDADOS DEL MANTO: ni cepillado ni peinado, solo pasar los dedos entre los rizos o las rastras para desenredarlos y cortarle el pelo de vez en cuando.

SALUD: el mayor riesgo es la displasia de cadera.

REQUERIMIENTOS ESPECIALES: revisar las orejas con regularidad y cortar las uñas cuando sea necesario.

OREJAS: de inserción media, forma triangular y caídas junto a la cara.

PERROS DE COMPAÑÍA

Este grupo incluye 25 razas agrupadas en 11 secciones según su tipo morfológico o su procedencia geográfica: bichons y semejantes; caniche gigante, mediano, enano y toy; perros belgas de raza pequeña; perros sin pelo; perros tibetanos; chihuahua; spaniels ingleses de compañía; spaniels japoneses y pequineses; spaniel continental enano y otros; kromfohrländer y molosoides de talla pequeña. La mayoría tiene en común su reducido tamaño y su creación.

TERRIER TIBETANO
Altura: 36-41 cm.
Aptitudes: muy sociable y afectuoso, valiente, siempre alerta, pero no agresivo.

BICHÓN HABANERO
Altura: entre 21 y 29 cm.
Aptitudes: un encanto con los niños, muy listo, pero necesita mucha compañía.

BICHÓN MALTÉS
Altura: 21-25 cm (macho) y 20-23 cm (hembra).
Aptitudes: tranquilo, dócil, muy apegado a su dueño y cercano a los niños.

SHIH TZU
Altura: entre 20 y 27 cm.
Aptitudes: inteligente y alegre. Muy juguetón, activo y vivaz. Buen amigo de los niños.

CHIHUAHUA DE PELO CORTO
Altura: no tiene estándar fijado.
Aptitudes: vivaz, pero temperamental y posesivo. Valiente. Necesita socialización.

PEQUEÑO PERRO LEÓN O LOWCHEN
Altura: entre 26 y 32 cm.
Aptitudes: afectuoso con los dueños, pero no le gustan los niños pequeños.

SPANIEL TIBETANO
Altura: unos 25 cm.
Aptitudes: seguro de sí mismo, alegre y leal, pero reservado con los extraños. De compañía.

PEQUINÉS
Altura: entre 15 y 23 cm.
Aptitudes: listo y mimoso, tranquilo, pero dominante y tozudo.

LHASA APSO
Altura: entre 25 y 28 cm.
Aptitudes: alegre, equilibrado e independiente. Siempre está alerta, pero es prudente.

CARLINO O PUG
Altura: 30-36 cm (macho) y 25-30 cm (hembra).
Aptitudes: tranquilo, sensible, sociable, algo travieso, divertido, muy cariñoso e inteligente.

CAVALIER KING CHARLES SPANIEL
Altura: entre 32 y 36 cm.
Aptitudes: muy cariñoso y tranquilo en casa. Juguetón con los niños.

PERRO CRESTADO CHINO
Altura: entre 23 y 33 cm.
Aptitudes: alegre y juguetón, pero tímido y sensible. Puede quemarse la piel.

CANICHE
Altura: desde 45-60 cm para el gigante hasta 24-28 cm para el toy.
Aptitudes: alegre, fiel, inteligente, deseoso de aprender, muy apegado al dueño y a su familia.

ORIGEN: desconocido
ALTURA: entre 26 y 32 cm
PESO: de 4 a 8 kg
LONGEVIDAD: 12-14 años

CARÁCTER Y SOCIABILIDAD: muy afectuoso y obediente con sus dueños, atento, inteligente y receptivo, entusiasta.

APTITUDES: de compañía.

ALIMENTO Y EJERCICIO: pienso especial para perros pequeños. Aunque es muy activo, dado su tamaño le basta con media hora diaria de ejercicio.

CUIDADOS DEL MANTO: cepillado 2-3 veces por semana y recorte si va a participar en una exposición.

SALUD: bastante buena en general.

REQUERIMIENTOS ESPECIALES: precisa de adiestramiento y socialización. No es apropiado para familias con niños muy pequeños.

PEQUEÑO PERRO LEÓN O LOWCHEN

El nombre de esta raza, una de las menos frecuentes en el mundo, proviene del característico corte que se le da al pelo y que lo asemeja al gran felino africano. Se desconoce su origen.

Es un perro ágil y enérgico, lleno de entusiasmo, lo que se refleja en la vivacidad de su expresión, pero también sabe permanecer calmado cuando se le pide. Tiene un carácter juguetón y cariñoso, muy apegado y receptivo con sus dueños, a veces excesivamente protector. Siempre está alerta y suele recibir a los extraños con ladridos. Precisamente, los ladridos excesivos y la costumbre de cavar agujeros en el jardín son dos de los mayores inconvenientes que presenta, aunque esas malas costumbres se pueden evitar, o al menos reducir, si se le proporciona todo el ejercicio físico y mental que precisa.

Para disfrutar plenamente de la convivencia con este perro de familia conviene socializarlo adecuadamente desde que es un cachorro. Lo que resulta imposible cambiar es su necesidad de atención y compañía, por lo que si no se dispone de tiempo suficiente para dedicárselo, más vale elegir otra raza.

COLA: graciosamente encorvada sobre la espalda, pero sin tocarla.

CABEZA: corta en proporción a su altura, hocico ancho y recto. La trufa es negra, excepto en los ejemplares marrones, que la tienen marrón oscuro.

OJOS: grandes, redondos, situados al frente, de color muy oscuro.

OREJAS: de inserción baja, medianamente largas, colgantes y cubiertas de abundantes flecos.

BICHÓN HABANERO

Aunque el nombre de esta raza evoca un origen cubano, no es así. Fue el color más habitual del manto, un marrón rojizo similar al del tabaco de los puros habanos, el que fomentó la leyenda de que procedía de La Habana.

Si se desea la compañía de un perro pequeño, que no plantee problemas y sea verdaderamente encantador, el bichón habanero puede resultar una magnífica elección. Es muy simpático, de naturaleza alegre, cariñosa, juguetona y divertida. Este perro adora a los niños y le encanta participar en sus juegos y se muestra sociable y abierto con los extraños, con otros perros y con cualquier mascota doméstica. Además, es excepcionalmente despierto y listo, muy vigilante, aunque no agresivo, y tiene tendencia a ladrar. Precisamente el control del ladrido excesivo es uno de los aspectos en que se debe adiestrar desde cachorro.

Las mayores exigencias se centran en la alimentación y el cuidado del pelo. Con respecto a la comida, el bichón habanero suele ser un poco caprichoso, por lo que no conviene que se llene la tripa con chucherías. El manto está formado por dos capas: una inferior lanosa y poco desarrollada y una superior de pelo largo y suave que puede ser lacio, ondulado o tener mechones rizados. Este pelo se enreda con mucha facilidad, por lo que se debe cepillar muy a menudo.

CABEZA: redondeada en la parte trasera y casi recta o cuadrada en el frente y los laterales, trufa negra o marrón.

OJOS: bastante grandes, de color marrón lo más oscuro posible, con el contorno marrón oscuro a negro.

OREJAS: de inserción alta, caen a lo largo de las mejillas y están cubiertas de pelo en largos flecos.

DATOS

ORIGEN: litoral español e italiano
ALTURA: entre 21 y 29 cm
PESO: no más de 6 kg
LONGEVIDAD: 13-15 años

CARÁCTER Y SOCIABILIDAD: encantador, muy simpático, alegre, cariñoso, juguetón, divertido, adora a los niños, sociable, excepcionalmente despierto y listo.

APTITUDES: de compañía.

ALIMENTO Y EJERCICIO: pienso para perros pequeños o comida húmeda que le agrade y vigilancia del peso del animal. Le basta con 3 paseos cortos al día.

CUIDADOS DEL MANTO: cepillar y peinar el pelo cuando lo necesite. Solo se debe recortar el pelo de los pies, los bigotes y el flequillo, aunque este también se puede sujetar con algún clip o similar para que el perro pueda ver bien.

SALUD: bastante buena.

REQUERIMIENTOS ESPECIALES: tiene una necesidad de compañía muy elevada, por lo que no se debe dejar solo mucho tiempo.

COLA: la lleva alta, con la punta curvada o enrollada sobre la espalda, provista de largos pelos sedosos.

BICHÓN MALTÉS

A pesar de su nombre, esta raza no es originaria exclusivamente de Malta, sino de todo el litoral y las islas del Mediterráneo central, donde se empleaba para combatir las ratas y los ratones, tan frecuentes en las zonas portuarias. Se trata de una raza de origen muy antiguo, que ya mencionaba Aristóteles (384-322 a.C.) en sus escritos.

DATOS BÁSICOS

ORIGEN: cuenca del Mediterráneo central
ALTURA: 21-25 cm los machos y 20-23 cm las hembras
PESO: entre 3 y 4 kg
LONGEVIDAD: 12-15 años

Si se disfruta mimando a un perro y pasando horas en su compañía y se está dispuesto a dedicar mucho tiempo al cuidado del hermoso pelaje que, como un denso manto blanco y brillante, cubre a este pequeño perro, la elección del bichón maltés como mascota será todo un acierto. Y es que su carácter bondadoso, alegre y juguetón desprende positividad y buen humor. Además, es muy inteligente y tiene un deseo casi insaciable de aprender cosas nuevas, lo que proporciona muchos ratos de diversión a sus dueños mientras le enseñan trucos sencillos, una cualidad que facilita su educación.

Es muy sensible, por lo que hay que olvidar las palabras y los gestos bruscos. Siente verdadera adoración por su dueño, a quien está siempre dispuesto a satisfacer y con el

que desea pasar todo el tiempo. Por eso se ha de tener en cuenta que no es un perro que deba quedarse mucho tiempo solo. Con los desconocidos mantiene una actitud reservada, al menos al principio.

Aunque le gusta salir a pasear, descubrir y olfatear, su necesidad de ejercicio no es elevada. Conviene combinar ratos cortos de actividad física con otros de descanso y mimos para no sobrecargar sus patas. Le agradan, sobre todo, los juguetes para morder, las pelotas y los juegos de inteligencia. Como no tiene tendencia a escaparse ni a morder y se lleva bien con todos los animales, no hay problema en dejarlo suelto, sin correa, durante las salidas.

Un pelaje blanco puro

Como ya se ha indicado, el cuidado del manto del bichón maltés será lo más laborioso de la tenencia de este perro. Está formado por una sola capa de pelo denso, lacio, sin ondulaciones ni rizos, brillante y sedoso. El pelo del tronco debe caer pesadamente hasta el suelo formando una especie de capa que no debe abrirse ni dividirse en mechones (estos únicamente se aceptan en las patas, desde el codo o la rodilla hasta los pies). El pelo de su cabeza es muy largo, tanto el que crece sobre el hocico (que se mezcla con la barba) como el que crece sobre el cráneo (que se mezcla con el de las orejas). El único color que se admite es el blanco puro o un tono marfil muy pálido.

Para mantener este pelo en perfectas condiciones hay que cepillarlo

El maltés es un perro encantador y divertido. Aunque su relación con los niños no suele ser complicada, hay que procurar que lo traten con cariño, sin tirarle del pelo y evitando las brusquedades.

a diario y eliminar cualquier objeto que se haya quedado enganchado durante el paseo. Además, debe lavarse dos veces al mes con agua templada, champú suave y acondicionador, y luego secarse muy bien con secador, ya que el maltés tiene tendencia a resfriarse. Conviene acostumbrar al perro desde cachorro a estos cuidados tan laboriosos para que la tarea, ya de por sí compleja, no se convierta en un sufrimiento ni para el animal ni para el dueño.

DATOS ESPECÍFICOS

CARÁCTER Y SOCIABILIDAD: muy tranquilo e inteligente, afectuoso, simpático, juguetón, sociable y sensible, siempre alerta, muy apegado a su dueño y cercano con los niños.

APTITUDES: de compañía.

ALIMENTO Y EJERCICIO: pienso de calidad o comida preparada con 200-250 g de carne y 60-80 g de arroz y verduras. Debe vigilarse el peso regularmente. Muy activo, necesita 1-2 horas diarias de ejercicio.

CUIDADOS DEL MANTO: cepillar el pelo diariamente, lavarlo 2 veces al mes.

SALUD: el riesgo más habitual es la luxación temporal de rótula. También muestra predisposición a la diabetes y a problemas oculares.

REQUERIMIENTOS ESPECIALES: eliminar el pelo que a veces crece junto a los lagrimales para evitar que produzca irritaciones. Cortarle las uñas cuando sea necesario.

CUERPO: alargado, con nuca marcada, pecho amplio y extremidades con fuerte estructura ósea y pies redondos.

CABEZA: amplia, con stop muy marcado (de 90°), hocico ligeramente inferior a la mitad de la longitud de la cabeza, caña nasal recta y trufa negra, voluminosa y con las fosas nasales muy abiertas.

COLA: gruesa en la raíz y fina en la punta, forma una curva grande cuya punta toca la grupa entre las ancas.

OJOS: grandes, de forma redondeada, casi frontales y de color ocre oscuro.

OREJAS: casi triangulares, colgando a los lados del cráneo, cubiertas de pelos largos.

DATOS

ORIGEN: Tíbet
ALTURA: aproximadamente 25 cm
PESO: entre 4 y 6,7 kg
LONGEVIDAD: 12-15 años

CARÁCTER Y SOCIABILIDAD: muy inteligente, seguro de sí mismo, equilibrado, alegre, leal, decidido, vigilante, reservado con los extraños.

APTITUDES: de compañía.

ALIMENTO Y EJERCICIO: pienso o comida húmeda especial para perros pequeños. Le basta con 3 paseos cortos diarios.

CUIDADOS DEL MANTO: cepillar y peinar un par de veces a la semana poniendo mayor atención en las zonas donde el pelo es más largo.

SALUD: el mayor riesgo es una enfermedad ocular hereditaria.

REQUERIMIENTOS ESPECIALES: conviene vigilar la formación de sarro, que es un problema habitual en los perros de tamaño pequeño.

SPANIEL TIBETANO

Esta raza comparte sus orígenes con los otros cuatro «pequeños leones» del Tíbet: pequinés, lhasa apso, shih tzu y terrier tibetano. A pesar de su nombre, no pertenece al grupo de los spaniels.

Este perrito de movimiento rápido, ligero y enérgico reúne todas las condiciones que se buscan en un animal de compañía: es pequeño, alegre, extraordinariamente cariñoso, adorable con los niños, fiel (más no servil, sino algo independiente, vigilante) y en constante alerta. Además, no necesita mucho ejercicio físico y se adapta a cualquier tipo de casa y estilo de vida. Se muestra muy empático y sensible a los mínimos cambios en el estado de ánimo de sus dueños y con los extraños suele ser reservado, sin agresividad o nerviosismo. Su educación resulta sencilla, ya que es un animal muy inteligente que enseguida comprende lo que se espera de él. La convivencia con otros perros y mascotas será aceptable si ha cohabitado con ellos desde que es un cachorro; en caso contrario, puede causar problemas. Solo hay un aspecto en el que se muestra inflexible: la soledad. Lleva muy mal el pasar largas horas separado de sus dueños y su forma de protestar es con ladridos excesivos o destrucción de muebles y objetos.

COLA: de inserción alta, cubierta de pelo en forma de plumas y enroscada sobre la espalda.

OJOS: ovalados, brillantes y expresivos, de color castaño oscuro. Párpados con el borde pigmentado de negro.

OREJAS: de inserción alta, tamaño mediano, colgantes y cubiertas de pelo en forma de plumas.

CABEZA: pequeña en comparación con el cuerpo, hocico romo, mentón ancho, leve prognatismo de la mandíbula inferior y trufa de preferencia negra.

TERRIER TIBETANO

Esta raza nació para custodiar los rebaños en las altas montañas del Himalaya y como protectora de los comerciantes que viajaban desde y hacia China, cometidos que realizaba con gran éxito a pesar de su pequeño tamaño, pues tiene una increíble energía y gran entusiasmo.

A través del tiempo, esta raza ha conservado su aspecto fuerte y robusto y sus excelentes habilidades para saltar, escalar y caminar sobre la nieve. Y no solo ha mantenido esas deseables aptitudes físicas, sino también el buen talante que lo hace tan atractivo como perro de compañía. Es alegre y juguetón, muy vivaz, sociable y un compañero fiel para adultos y niños. Con otros perros se muestra dominante y ante los extraños exhibe una actitud reservada, pero nunca agresiva ni belicosa. Eso no significa que carezca de carácter, pues se trata de un animal valiente y decidido, siempre alerta. También es algo testarudo, pero se puede adiestrar sin muchas dificultades gracias a su gran inteligencia y ganas de aprender. Sin duda, el rasgo físico más característico de este perro es su manto, exuberante y abundante, que le proporciona una inmejorable protección contra el frío y la nieve; curiosamente, también contra el calor.

DATOS

ORIGEN: Tíbet
ALTURA: 36-41 cm los machos, algo más pequeñas las hembras
PESO: entre 8 y 14 kg
LONGEVIDAD: 12-14 años

CARÁCTER Y SOCIABILIDAD: inteligente, sociable, muy despierto, afectuoso, bondadoso, fiel, valiente, alerta, nada belicoso, prudente con los extraños.

APTITUDES: de compañía, pastor y de guarda.

ALIMENTO Y EJERCICIO: se debe cuidar que no tenga sobrepeso. Es un animal activo, con mucha energía y resistencia, al que le gustan los largos paseos y los deportes caninos.

CUIDADOS DEL MANTO: cepillado y baño a menudo. ¡No hay que cortarle el pelo!

SALUD: robusto y saludable.

REQUERIMIENTOS ESPECIALES: evitar que el pelo le cubra los ojos, recogiéndolo si es necesario; no dejarlo solo mucho rato porque soporta muy mal la separación.

CABEZA: cubierta de abundante pelo largo, con barba pequeña, hocico fuerte y trufa de color negro.

OREJAS: de inserción alta, en forma de V y colgantes, pero no pegadas a la cabeza.

COLA: de inserción alta, longitud media; la lleva enroscada sobre la espalda.

OJOS: grandes y redondos, bastante separados y de color pardo oscuro, con el borde de los párpados delineado en negro.

LHASA APSO

En el antiguo Tíbet, de donde procede esta raza, se tenía la costumbre de no vender nunca un lhasa apso. Solo se entregaba a los amigos a quienes se deseaba dispensar un gran honor y atraer hacia ellos la buena fortuna. Ahora, como antes, los amantes de los perros aprecian la fuerte personalidad de este pequeño y leal compañero.

DATOS BÁSICOS

ORIGEN: Tíbet
ALTURA: entre 25-28 cm
PESO: 6-8 kg los machos y 5-7 kg las hembras
LONGEVIDAD: 12-14 años

Pequeño de tamaño, pero con gran temperamento. Así es el lhasa apso, un perro muy inteligente, orgulloso, algo obstinado e independiente al que habrá que conquistar, pues él decide quién merece su amistad. Por eso habrá que educarlo con mucha constancia y paciencia, sin castigos, malos gestos o gritos, ya que es un animal sensible y las actitudes negativas solo lograrán que se desentienda del aprendizaje. Si se adiestra de forma adecuada, el lhasa apso se convertirá en un compañero fiel, nunca servil, alegre y sociable (aunque no pegajoso) y muy empático, ya que su larga convivencia con los seres humanos lo ayuda a evaluar rápidamente las emociones de sus dueños y reaccionar en consecuencia. Suele mostrarse prudente con los desconocidos y con los niños se lleva bien si no son muy pequeños. Tiene bastante tendencia a ladrar si percibe algo extraño, así que es un buen perro guardián que avisa rápidamente.

Es un animal resistente y activo. Aunque su tamaño no hace necesario que el nivel de ejercicio físico sea muy elevado y no es especialmente juguetón ni amigo de los deportes caninos, sí le gusta dar paseos y estar al aire libre. Por esto también resulta un perro de compañía adecuado para las personas mayores que, además, dispondrán de tiempo para estar con él, ya que, como los otros perros tibetanos, el lhasa soporta mal la soledad.

Un aseo laborioso

Ya hemos visto que quien elija a un lhasa apso como compañero debe tener claro que no se trata de un perro faldero, y también es importante que considere la mucha dedicación que exigirá el cuidado de su manto, cuyo pelaje es largo, abundante y de textura dura, con una moderada capa de subpelo. Hay que cepillarlo y peinarlo a fondo dos veces por semana, pero no solo la capa superior, sino también la inferior, que se enreda con facilidad. Para ello, lo mejor es comenzar por esta, sin tirar muy fuerte y con el perro tumbado de costado. Conviene rociar primero el pelo con un espray especial que lo hidrata e impide que se parta. Solo habrá que recurrir al baño cuando sea estrictamente imprescindible, empleando para ello un champú suave, y después secar muy bien al animal.

El manto del lhasa apso puede ser blanco, arena, miel, dorado, pardo, gris humo, pizarra o gris oscuro, negro o multicolor.

CABEZA: cubierta de pelo largo que cae sobre los ojos sin taparlos, barba y bigote desarrollados, caña nasal recta y trufa negra.

CUERPO: vigoroso y compacto, con el cuello y el lomo fuertes y las extremidades musculosas y cubiertas de abundante pelo.

DATOS ESPECÍFICOS

CARÁCTER Y SOCIABILIDAD: alegre, afectuoso, equilibrado, seguro de sí mismo, tranquilo, independiente, siempre alerta, prudente con los desconocidos.

APTITUDES: de compañía y de guarda.

ALIMENTO Y EJERCICIO: tiene que comer poco y a menudo. Elegir un pienso o comida húmeda especial para perros pequeños. Es un animal con mucha energía, al que le gusta el aire libre, pero no necesita largos paseos.

CUIDADOS DEL MANTO: cepillar y peinar el pelo 2 veces por semana, tanto la capa exterior como la interior.

SALUD: puede sufrir trastornos oculares hereditarios y problemas cutáneos.

REQUERIMIENTOS ESPECIALES: comprobar y limpiar regularmente los ojos y los oídos.

OREJAS: colgantes y cubiertas de abundante pelo en forma de flecos.

OJOS: de tamaño medio, forma ovalada y color oscuro.

COLA: de inserción alta, llevada sobre la espalda y cubierta de abundante pelo en forma de flecos.

SHIH TZU

El origen de esta raza milenaria está en los antiguos perros guardianes de templos que criaban los monjes tibetanos. Parece que fue en el siglo XVII cuando el shih tzu llegó a la corte imperial china y comenzó a considerarse un perro de lujo.

Hay pocos perros de compañía tan versátiles y atractivos como el shih tzu. Es un animal alegre, juguetón y vivaracho, cariñoso y muy sociable tanto con las personas como con otros animales. Su única condición es que les guste salir a dar paseos largos y dedicar tiempo a los juegos y las carreras por el jardín. También muestra cierta tendencia a ser independiente, al estilo de un gato, lo que a veces se confunde con arrogancia, pero no es así; simplemente, no admite ninguna conducta que implique sumisión. El aspecto más exigente de la tenencia de un shih tzu es el cuidado del pelaje, algo que se puede suponer al ver su abundante mata de pelo largo y espeso. Si el perro no es de exhibición, habrá que llevarlo regularmente a una peluquería canina para recortar el largo del pelo del cuerpo y que este no le entorpezca el movimiento. El de la cabeza también se puede recortar o sujetarlo hacia arriba para que no le dificulte la visión. Además, hay que peinarlo todos los días y controlar que las garrapatas no se escondan en este manto tan tupido.

DATOS

ORIGEN: Tíbet
ALTURA: entre 20 y 27 cm
PESO: entre 4,5 y 7,5 kg
LONGEVIDAD: 10-16 años

CARÁCTER Y SOCIABILIDAD: inteligente, amistoso, alegre, juguetón, vivaz, activo, alerta, independiente, amigo de los niños.

APTITUDES: de compañía.

ALIMENTO Y EJERCICIO: pienso especial para esta raza y *snacks* dentales para eliminar el sarro. Se contenta con paseos cortos a diario.

CUIDADOS DEL MANTO: peinado diario, cepillado concienzudo semanal, control de parásitos y visita regular a la peluquería canina.

SALUD: los mayores problemas son respiratorios y oculares.

REQUERIMIENTOS ESPECIALES: tolera mal el calor intenso, por lo que en verano debe salir a primera hora de la mañana o a última de la tarde.

CABEZA: ancha y redonda, stop bien definido, hocico corto y plano con barba y bigote abundantes, trufa de color negro o hígado oscuro.

OREJAS: grandes y colgantes, recubiertas de pelo muy denso.

OJOS: grandes y redondos, distantes entre sí y de color oscuro.

COLA: de inserción alta, llevada sobre la espalda y cubierta de abundante pelo en forma de plumas.

PEQUINÉS

Los perros de esta raza de aspecto leonino se crían desde tiempos remotos en China, donde se usaban como guardianes de los templos y animales de compañía favoritos en los palacios imperiales de la dinastía Qing (1644-1912).

Este perro es muy buena compañía para personas que viven solas, aunque sean mayores o tengan un estilo de vida poco activo, ya que al pequinés le gusta la tranquilidad y no necesita demasiado ejercicio. Lo que sí es imprescindible es que el dueño disponga de tiempo libre, pues le gusta pasar horas junto a su él recibiendo infinidad de mimos y caricias. Por supuesto, lo de quedarse solo es algo que lleva mal. Si lo adopta una familia, hay que tener en cuenta que suele crear un vínculo afectivo especial con una sola persona, la que él elija como «jefe». No le agrada demasiado la compañía de los niños, especialmente si son pequeños, pues no soporta el bullicio y el ajetreo. Es un perro muy inteligente que suele ser dominante y bastante tozudo, por lo que conviene educarlo con mucha paciencia y refuerzos positivos, pues es muy orgulloso y con castigos solo se logra un can malhumorado y poco colaborador.

COLA: de inserción alta, cubierta de flecos largos y llevada ligeramente curvada sobre la espalda.

OJOS: redondos, oscuros, brillantes y no demasiado grandes.

OREJAS: en forma de corazón, colgantes y cubiertas de flecos abundantes y largos.

DATOS

ORIGEN: China
ALTURA: entre 15 y 23 cm
PESO: máximo 5 kg los machos y 5,4 kg las hembras
LONGEVIDAD: 12-15 años

CARÁCTER Y SOCIABILIDAD: muy inteligente, tranquilo, mimoso, dominante, intrépido, tozudo y distante con los extraños.

APTITUDES: de compañía.

ALIMENTO Y EJERCICIO: pienso de calidad sin cereales y con la carne como principal ingrediente. Suele ser suficiente con 2 paseos cortos diarios.

CUIDADOS DEL MANTO: cepillar y peinar el pelo diariamente. No es recomendable bañarlo más de 1 vez cada 2 meses.

SALUD: puede padecer problemas respiratorios y oculares. También el pliegue de la nariz muestra tendencia a inflamarse. El parto requiere de asistencia veterinaria, ya que la pelvis de la hembra es pequeña para el tamaño de la cabeza de los cachorros.

REQUERIMIENTOS ESPECIALES: vigilar y limpiar las orejas, recortar las uñas cuando sea necesario. Soporta muy mal el calor.

CABEZA: bastante grande, más amplia que profunda, stop definido, hocico relativamente corto. Los labios no deben ocultar la mandíbula inferior ni dejar ver los dientes o la lengua.

CANICHE

En sus orígenes, esta raza se utilizaba para la caza de aves acuáticas, sobre todo patos, y por asociación con ese uso se escogió la palabra francesa «caniche», que etimológicamente proviene de «cane» («hembra del pato»), para darle nombre. Más tarde, aprovechando el buen carácter de estos perros, los criadores se esforzaron en lograr diferentes tamaños, pelajes y colores. En la actualidad existen cuatro variedades: gigante, mediano, enano y toy. También hay dos tipos de mantos: de pelo ensortijado y en forma de mechones.

DATOS BÁSICOS

ORIGEN: Francia
ALTURA: 45-62 cm (gicante)
35-45 cm (mediano)
28-35 cm (enano)
24-28 cm (toy)
LONGEVIDAD:
12-15 años

El caniche no es solo una de las razas caninas de aspecto más elegante y distinguido, sino que también está catalogada como una de las más inteligentes. Esta afirmación no resulta exagerada, pues es un animal que aprende muy rápido y tiene por cierto una memoria excepcional, por lo que es fácilmente adiestrable. Además, su buen carácter lo hace merecedor del gran aprecio y popularidad que tiene como animal de compañía. Es un perro amable y alegre, juguetón, muy cariñoso con todos los miembros de la familia, leal, dócil, sensible, empático y muy sociable. Es tranquilo y nada agresivo o mordedor, así que la convivencia con otros perros y animales domésticos no plantea nunca demasiados problemas. También se lleva bien con los niños de cualquier edad, aunque a los más pequeños hay que enseñarles a tratarlos con delicadeza, especialmente a los de la variedad toy.

Esta raza hace muy buen papel como perro de guarda, pues su estado natural es mantenerse en continuo estado de alerta. Tantas virtudes lo han coronado como un excelente perro de familia, incluso para dueños principiantes sin experiencia, y van acompañadas de una personalidad muy marcada y cierta tendencia a querer ser siempre el centro de atención. Pero al caniche se le puede permitir ese pequeño «inconveniente» a cambio de las alegrías que aporta su compañía.

A la hora de elegir el tamaño del caniche hay que tener en cuenta que, como norma general, cuanto más grandes, más tranquilos y sensatos serán. No hay que pensar que los caniches, ni siquiera los de las variedades enana y toy, son perros que se pasen horas tumbados en el sofá.

Un perro activo

Debido a la cría enfocada a mejorar sus cualidades como animal de compañía, el caniche ha perdido su instinto cazador, pero todavía mantiene sus dotes como perro de cobro y una gran afición por el medio natural donde se desenvolvía antiguamente: el agua y los lugares encharcados.

No hay que olvidar que es un perro bastante atlético y activo, incluso el pequeño toy. Por eso, aunque se adapta muy bien a vivir en la ciudad (y en un piso) y sus necesidades de ejercicio no son excesivamente elevadas, diariamente hay que proporcionarle sufi-

ciente entrenamiento físico y mental, siempre con actividades adecuadas a su tamaño. A los caniches medianos y gigantes les gustan los deportes como el agility, la pelota voladora o el rally de obediencia, así como nadar.

Un manto para todos los gustos

En esta raza se pueden encontrar ejemplares de diferentes tamaños y con mantos de características y coloraciones muy diversas. Los dos tipos básicos de mantos son el de pelo ensortijado y el de pelo en forma de mechones. En el primero, el pelaje es muy abundante, denso, de longitud uniforme y textura

Existen muy diversos estilos para el corte de pelo, desde los naturales, como el corte «cachorro», hasta los más extravagantes, como el corte «león», en el que se rasura el pelo desde las costillas hasta la parte posterior del cuerpo, el hocico y debajo de los ojos, dejando un pompón en la cola y brazaletes en las patas.

fina, lanosa y muy rizada, que forma bucles regulares; también debe ser elástico y resistente a la presión de la mano. En la variedad de manto en forma de mechones, el pelo es abundante, de textura fina y lanosa y muy apretado, formando cuerdas o rastas muy características que deben medir, por lo menos, 20 cm de longitud.

Un animal juguetón y cariñoso con los miembros de la familia, les encantan los juegos y compartirlos con sus dueños, que deben estar dispuestos a darles esa atención.

El color del caniche ha de ser uniforme en cualquiera de los siguientes tonos: negro, blanco, marrón muy profundo (más bien oscuro y cálido), gris profundo (ni negruzco ni tirando a blanco) y leonado desde pálido a rojizo o anaranjado (apricot). No está por tanto admitido el beis ni tampoco sus derivados más claros. Por otra parte, los párpados, la trufa, los labios, las mucosas, el paladar, los orificios naturales, las almohadillas y el escroto de los machos deben estar bien pigmentados.

Cualquiera que sea el tipo de manto, el pelo del caniche está en continuo crecimiento y no pasa por el proceso de muda, por lo que es necesario cortarlo con frecuencia en casa o en una peluquería canina, adoptando el estilo de corte que más agrade a cada uno, aunque no se aconsejan los arreglos exagerados. Este aspecto, el de los cuidados periódicos del pelo, es algo que se debe considerar antes de adquirir un caniche, ya que hay que tener muy claro que exigirá invertir tiempo y dinero durante toda la vida del animal.

Una alimentación equilibrada

Como en todas las razas, el tipo y el tamaño de las raciones para cualquier variedad de caniche debe adaptarse consecuentemente a su peso, edad, actividad física y estado de salud. Tanto si se elige pienso seco como si es comida húmeda o fresca elaborada en casa, hay que tener en cuenta que su contenido en nutrientes debe ser siempre equilibrado. Como norma general, debe contener aproximadamente un 80 % de carne y vísceras (proteínas) y un 20 % de verduras y cereales (hidratos de carbono, vitaminas y minerales). Esto equivale, más o menos, a unos 300 g de carne/vísceras con 75 g de arroz hervido y verduras para el caniche grande, 200 g de carne/vísceras con 50 g de arroz hervido y verduras para el caniche mediano y unos 100 g de carne/vísceras con otros 25 g de arroz hervido y verduras para un caniche enano o toy.

Independientemente del tipo de alimento que se elija, hay que evitar sustituirlo por otro repentinamente, ya que a muchos perros los cambios en la alimentación les producen problemas gastrointestinales. Si hay que modificarlo porque han variado las necesidades del animal o se produce alguna alteración en su salud, hay que introducir el nuevo alimento de forma progresiva, mezclándolo con el antiguo y aumentando la proporción del nuevo poco a poco.

DATOS ESPECÍFICOS

CARÁCTER Y SOCIABILIDAD: alegre, bueno, muy inteligente, con una gran memoria, sensible, audaz, fácilmente adiestrable.

APTITUDES: de compañía, de guarda y de cobro en el agua.

ALIMENTO Y EJERCICIO: dieta equilibrada y adaptada al tamaño del perro. Es un animal activo que necesita mayor nivel de ejercicio físico cuanto mayor tamaño tenga la variedad elegida.

CUIDADOS DEL MANTO: cepillar varias veces a la semana para evitar la formación de nudos. Recortar el pelo a menudo con esquiladora o máquina cortapelo o llevarlo a la peluquería canina.

SALUD: los mayores riesgos son de tipo ocular (cataratas y atrofia progresiva de la retina) y articular (displasia de cadera y luxación de rótula).

REQUERIMIENTOS ESPECIALES: conviene examinar regularmente los dientes, los ojos y los oídos para solucionar cualquier principio de sarro o de infección. Si hacen poco ejercicio, hay que cortarles las uñas a menudo porque en ese caso apenas las desgastan (lo que ocurre sobre todo con el enano y el toy).

CABEZA: de porte distinguido, hocico sólido y con la parte superior rectilínea. Trufa marcada y desarrollada, con los orificios nasales bien abiertos.

CUERPO: bien proporcionado y armonioso, espalda corta, grupa redondeada (pero no caída), pecho amplio y extremidades perfectamente rectas y paralelas.

OREJAS: bastante largas, caen a lo largo de las mejillas, cubiertas de pelos ondulados muy largos.

OJOS: en posición ligeramente oblicua, almendrados, de diferentes colores según el pelaje.

COLA: de inserción bastante alta, idealmente llevada «a las nueve y diez» con respecto a la línea superior del cuerpo.

CHIHUAHUA DE PELO CORTO

Pese a ostentar el título de ser el perro más pequeño del mundo, su tamaño no debe engañarnos, ya que tiene una gran personalidad que hay que educar desde que es un cachorro. Además, nuestro diminuto amigo necesita los mismos cuidados, o más, que un perro de mayor tamaño, por lo que no debemos elegir esta raza si esperamos dedicarle menos atenciones.

El dueño de un chihuahua (o chihuahueño) debe de ser una persona con personalidad fuerte, que no se deje dominar por el perro y que al mismo tiempo sea cariñosa, entregada y roce lo maniático con las rutinas. Es importante no saltarse ningún paseo, pues las micciones de esta raza son frecuentes. De la misma manera, el estómago de este animal es reducido y no conviene dejarlo muchas horas sin comer cuando es joven, pues existe el riesgo de que sufra una drástica bajada de glucosa con fatales consecuencias.

Las rutinas de aseo son importantes para evitar infecciones en los ojos, las orejas y las glándulas anales, además de un correcto cepillado del pelaje y los dientes. El hogar debe permanecer recogido, evitando dejar a su alcance objetos pequeños con los que el perro pudiera tragarse y causarle el bloqueo de las vías respiratorias.

Los paseos serán siempre con arnés, ya que un tirón con un collar podría producirle problemas de tráquea. Además, en las épocas más frías, será necesario abrigar a nuestro animal para evitar hipotermias.

DATOS

ORIGEN: México
ALTURA: no hay un estándar fijado
PESO: 1-3 kg
LONGEVIDAD: 12-18 años

CARÁCTER Y SOCIABILIDAD: inquieto y temperamental, vivaz, alerta, valiente, puede llegar a ser muy posesivo. Necesita trabajo continuo de socialización.

APTITUDES: de compañía.

ALIMENTO Y EJERCICIO: tiene tendencia a ser un comedor quisquilloso y puede negarse a comer si el alimento no le atrae. No requiere mucho ejercicio diario.

CUIDADOS DEL MANTO: cepillar y lavar regularmente.

SALUD: propenso a alergias y problemas derivados de una alimentación inadecuada, como la pancreatitis o la hipoglucemia.

REQUERIMIENTOS ESPECIALES: evitar que dé saltos, pues pueden lesionarle las caderas y las rodillas.

CABEZA: redondeada y con forma de manzana.

OJOS: de gran tamaño, pero sin ser saltones, con forma redondeada.

COLA: de inserción alta, larga y un grosor que va reduciéndose hacia la punta.

OREJAS: pabellón auditivo grande y erecto, base ancha y punta redondeada.

PERRO CRESTADO CHINO

Existen dos variedades de esta raza que frecuentemente aparecen en una misma camada: la variedad sin pelo en el cuerpo (solo con una cresta de pelo que se extiende un poco sobre el cuello, «calcetines» de pelo fino en las patas y plumas en la cola) y la variedad powder puff, con el cuerpo cubierto en su totalidad por un velo de pelo largo y suave.

DATOS

ORIGEN: China
ALTURA: 28-33 cm los machos y 23-30 cm las hembras
PESO: sin fijar; se recomienda que no superen los 5,5 kg
LONGEVIDAD: 12-14 años

CARÁCTER Y SOCIABILIDAD: alegre, juguetón, muy animado, inteligente, vivaz, alerta, sensible, tímido.

APTITUDES: de compañía y guarda.

ALIMENTO Y EJERCICIO: pienso o comida húmeda especial para razas pequeñas. Paseos suaves de una media hora diaria.

Este perro pequeño y muy vistoso, de silueta elegante, es feliz si la persona a la que está más apegada, aquella a quien él considera su dueño y amigo, le permite permanecer sobre su regazo recibiendo caricias. Pero no todo es tranquilidad, porque también sabe mostrarse alegre, juguetón y muy animado. Es leal y sensible, siempre alerta y ladrador si percibe algo que le parece extraño o peligroso, por lo que se puede emplear como guardián. Suele convivir sin problemas con otros perros y animales domésticos y con las personas desconocidas se muestra reservado. Como se trata de un perro de naturaleza tímida resulta conveniente socializarlo bien desde cachorro para que no se convierta en un adulto miedoso y asustadizo ante las situaciones novedosas. Afortunadamente, su educación no es muy difícil, ya que es inteligente y enseguida comprende lo que se espera de él. A lo que no se acostumbra es a las separaciones prolongadas, que le pueden causar graves problemas de ansiedad.

CUIDADOS DEL MANTO: en la variedad sin pelo, cepillar 2-3 veces por semana, bañarlo cada 15 días con jabón neutro, aplicar crema exfoliante y lociones hidratantes. En la variedad powder puff, cepillar y peinar diariamente con un cepillo de cerdas naturales o de púas metálicas.

SALUD: es bastante saludable.

REQUERIMIENTOS ESPECIALES: en la variedad sin pelo, aplicar loción solar para proteger la piel de quemaduras. En climas fríos es imprescindible vestirlo con un abrigo para salir de paseo.

CABEZA: ligeramente redondeada y alargada, el hocico se adelgaza hacia el extremo, pero sin ser puntiagudo. Trufa prominente.

OJOS: de tamaño medio, forma almendrada, muy separados y de color muy oscuro, casi negro.

COLA: de inserción alta, larga, con plumas largas y abundantes en los dos tercios finales.

OREJAS: de inserción baja, largas y erectas, con o sin franjas de pelo.

BULLDOG FRANCÉS

Su apariencia llamativa no deja a nadie indiferente: orejas de murciélago, cuerpo musculoso de patas cortas y unos ojos saltones que te buscan para que lo acaricies durante horas. Su atractivo único lo ha convertido en el perro de compañía perfecto para muchas familias en los últimos años.

DATOS BÁSICOS

ORIGEN: Francia
ALTURA: entre 24 y 35 cm
PESO: 9-14 kg los machos y 8-13 kg las hembras
LONGEVIDAD: 10-13 años

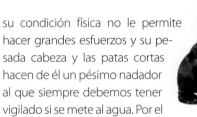

El bulldog francés que conocemos hoy en día es el fruto de un sinfín de cruces y tiene como origen al bulldog inglés, aunque en una variedad más pequeña a la que se conoció como bulldog miniatura y que inicialmente no tuvo mucha aceptación en las islas británicas. Durante la Revolución Industrial, los trabajadores ingleses cruzaron hacia Francia en busca de una oportunidad laboral y llevaron con ellos a sus mascotas. De esos bulldogs ingleses que emigraron surgió el bulldog francés. La nueva raza no se popularizó hasta finales del siglo XIX, pero lo hizo con tal empuje que desde todos los países reclamaban ejemplares y se pagaban verdaderas fortunas por ellos.

Si pedimos a cualquier dueño de un bulldog francés que describa a su mascota, dirá que es un perro afable, muy cariñoso, al que le encanta jugar y dormir a partes iguales y que no lleva bien pasar ratos largos separado de su familia. Si tu intención es tener un compañero para correr por el monte o nadar en la playa, definitivamente esta no es la raza. Pese a tener una sed incansable de juego, su condición física no le permite hacer grandes esfuerzos y su pesada cabeza y las patas cortas hacen de él un pésimo nadador al que siempre debemos tener vigilado si se mete al agua. Por el contrario, disfrutá de paseos tranquilos en los que pueda entretenerse olfateando su entorno y buscando desconocidos que quieran acariciarlo.

El perro con pie de gato

La forma de los pies delanteros del bulldog francés recibe el nombre de «pie de gato». Su principal característica es la redondez: las almohadillas de los dedos y la central forman casi un círculo. Los dedos compactos, con uñas cortas, presentan superposición de los laterales y los centrales, confiriéndole al pie su forma recogida. Por el contrario, los pies traseros poseen una forma más alargada de manera que sus almohadillas dibujan un óvalo. Este tipo de pie se conoce como «pie de liebre».

Fuerte, pero delicado

El cruce indiscriminado de esta raza ha llevado a potenciar una serie de características físicas que lo hacen especialmente sensible y que comprometen su salud. Con el paso de los años se han ido acentuando sus rasgos más distintivos, que son también los más dañinos, reduciendo considerablemente la longitud de su hocico hasta hacerlo completamente chato. Para preservar el bienestar animal, en Holanda y Noruega han limitado o prohibido la cría de razas braquicéfalas, por lo que no sería de extrañar que en unos años dejen de ser perros tan demandados.

Ejemplar de manto leonado en el que se aprecia la robustez de la raza, sus grandes orejas erguidas con el pabellón auditivo abierto al frente y la zona nasal poco prominente.

DATOS ESPECÍFICOS

CARÁCTER Y SOCIABILIDAD: inteligente, alegre y de fácil adiestramiento, poco ladrador, extremadamente mimoso. Disfruta con el afecto y el juego en familia, especialmente con los niños.

APTITUDES: de compañía.

ALIMENTO Y EJERCICIO: es importante que mantenga una dieta equilibrada que atienda posibles alergias, frecuentes en esta raza. Al ser un perro que tiende al sobrepeso, no hay que descuidar los paseos, pero sin llegar al cansancio extremo del animal.

CUIDADOS DEL MANTO: aunque sea de pelo corto, hay que cepillarlo regularmente. También se han de limpiar los pliegues cutáneos con toallitas húmedas, prestando atención a los formados debajo de la cola y en el lagrimal.

SALUD: debido a su característico morro chato, esta raza es propensa a sufrir problemas respiratorios. Además, como ya se ha comentado, suele tener alergias cutáneas y alimenticias.

REQUERIMIENTOS ESPECIALES: debido a sus características físicas, es un perro que tolera mal el calor y el ejercicio de alta intensidad.

CABEZA: ancha y cuadrada, igual que sus mandíbulas. Morro chato, nariz ancha, levantada y corta.

CUERPO: ancho y musculado, con forma de tonel y una espalda que se eleva progresivamente desde la cruz hasta los riñones.

OREJAS: erguidas, de tamaño pronunciado, anchas en la base y de punta redondeada.

OJOS: grandes y redondeados, de color oscuro y con el borde de los párpados negro.

COLA: de corta longitud, lo justo para tapar el orificio anal.

DATOS

ORIGEN: Gran Bretaña
ALTURA: 30-36 cm los machos y 25-30 cm las hembras
PESO: entre 6,3 y 8 kg
LONGEVIDAD: 12-15 años

CARÁCTER Y SOCIABILIDAD: gran sentido del humor, cariñoso, muy inteligente y amable, fiel, sociable, muy juguetón.

APTITUDES: de compañía.

ALIMENTO Y EJERCICIO: se aconseja una dieta con alto contenido de carne, algo de verdura, una pequeña cantidad de cereales y nada de azúcar. No necesita salir mucho.

CUIDADOS DEL MANTO: suelta mucho pelo, así que hay que cepillarlo diariamente con un guante de goma.

SALUD: suele tener problemas respiratorios.

REQUERIMIENTOS ESPECIALES: limpiar a diario los pliegues de la cara con una loción especial y mantenerlos secos. También revisar y limpiar los ojos y las orejas.

CARLINO O PUG

Esta raza, también conocida por su nombre inglés (pug), parece que proviene de China y que hacia el año 1500 fue introducida en los Países Bajos por comerciantes holandeses, donde se convirtió en el perro preferido de la realeza. Cuando Guillermo III de Orange ocupó el trono de Inglaterra, llevó con él a su carlino y fue en este país donde se desarrolló el estándar de raza.

Hay una frase que define al carlino: «mucho en muy poco». Y es que así es este perro: un animal pequeño y compacto, fuerte y musculoso. En cuanto a su carácter, destaca especialmente su gran sentido del humor. Con él está asegurada la diversión, ya que todos los días descubre algo nuevo con lo que hacer reír a sus dueños. Además, es cariñoso, muy inteligente y amable, amoroso y fiel, extraordinariamente sociable con las personas y los animales, también muy juguetón. Aunque resulte sorprendente por la escasa longitud de sus patas, es muy dinámico y deportista, con una pericia especial para las carreras de obstáculos y los juegos de habilidad. Al mismo tiempo, cuando se acaba la diversión, sabe mantenerse tranquilo y disfruta durmiendo mucho…, pero ronca. Y también es un poco celoso: si su dueño no le presta la suficiente atención, se ofende y adopta una actitud bastante cómica.

CABEZA: relativamente grande, con el hocico corto y achatado y la trufa plana y negra, con los orificios nasales grandes y abiertos.

COLA: de inserción alta, apretadamente enroscada o con enroscamiento doble sobre la cadera.

OJOS: grandes y redondos, no protuberantes y de color oscuro.

OREJAS: delgadas y pequeñas, plegadas y que caen hacia delante, cubiertas de pelo negro muy suave.

CAVALIER KING CHARLES SPANIEL

Su profunda y cálida mirada, acompañada de su vivaracho y continuo movimiento de cola, cautivan el corazón de muchos. Esta raza vivirá por y para su familia, siendo la sombra de todos y cada uno de los miembros de la casa. ¡Se acabó lo de ir solo al cuarto de baño, a preparar la comida o ver la televisión! El cavalier siempre estará a tu lado buscando una caricia.

Su condición de perro pequeño, su buen carácter y alto grado de adaptabilidad lo convierten en el compañero ideal de casi todos los hogares. Sin embargo, sufrirá de ansiedad por separación si lo dejas solo durante largos periodos, ya que es un perro muy familiar que disfruta de la compañía. Es muy afable con sus semejantes y raramente se involucra en una pelea. Pero hay que prepararse para que durante un paseo te obsequie trayéndote pequeñas aves o algún ratoncillo al que haya dado caza. Ese instinto cazador hace que persiga cualquier cosa que vea en movimiento, incluyendo coches y motos, por lo que es importante sacarlo a pasear con correa en lugares con tráfico. La devoción por su dueño hace que el cavalier quiera agasajarlo a todas horas, lo que ayuda en su educación. Un refuerzo positivo con algo de comida facilitará aún más la tarea.

DATOS

ORIGEN: Gran Bretaña
ALTURA: entre 32 y 36 cm
PESO: 5,4-8 kg
LONGEVIDAD: 9-14 años

CARÁCTER Y SOCIABILIDAD: extremadamente cariñoso, amante de los niños y muy tranquilo en casa, pese a ser muy juguetón.

APTITUDES: de compañía, aunque con fuerte instinto de caza si va al campo.

ALIMENTO Y EJERCICIO: dieta equilibrada y ejercicio moderado.

CUIDADOS DEL MANTO: cepillado a diario.

SALUD: alta tasa de problemas cardíacos, frecuentes problemas oculares, displasia de cadera, luxación rotuliana y la siringomielia, una malformación craneal que comprime la médula espinal.

REQUERIMIENTOS ESPECIALES: revisiones veterinarias anuales para descartar soplos y otras patologías del corazón de forma temprana.

OJOS: de gran tamaño, pero sin ser saltones. Son redondos y están separados entre sí.

CABEZA: la región entre las orejas es casi plana, el stop poco profundo, la mandíbula fuerte y la cara bastante rellena, sin formas afiladas.

COLA: cubierta de pelo en forma de flecos.

OREJAS: de inserción alta, largas y cubiertas con abundante pelaje.

LEBRELES

Los perros de este grupo tienen una característica en común: su anatomía los hace estar especialmente bien dotados para la carrera y alcanzar grandes velocidades. En general, tienen las extremidades muy largas y el cuerpo delgado, lo que les otorga esa típica apariencia de ser más altos que anchos. La cabeza es larga y estrecha y las orejas son semierectas o «en rosa», es decir, plegadas hacia adelante y con las puntas bien pegadas al cráneo.

LEBREL O GALGO AFGANO
Altura: 68-74 cm (macho) y 63-69 cm (hembra).
Aptitudes: muy inteligente, sensible, valiente. Digno, pero no apático, desconfiado con los extraños.

WHIPPET
Altura: 47-51 cm (macho) y 44-47 cm (hembra).
Aptitudes: afectuoso, gentil, equilibrado, se adapta igual de bien al ambiente deportivo que al doméstico.

GALGO ESPAÑOL
Altura: 62-70 cm (macho) y 60-68 cm (hembra)
Aptitudes: serio, inteligente obediente, tranquilo en casa, muy vivaz y enérgico en la caza.

LEBREL O LOBERO IRLANDÉS
Altura: mínimo 79 cm (macho) y 71 cm (hembra).
Aptitudes: bueno, generoso, paciente, inteligente, tiende a encariñarse con una sola persona.

OTROS LEBRELES

LEBREL HÚNGARO
Altura: 65-70 cm (macho) y 62-67 cm (hembra).
Aptitudes: reservado, pero no tímido; inteligente, fiel, extremadamente veloz y resistente. Vigilante y protector, pero no agresivo.

AZAWAKH
Altura: 64-74 cm (macho) y 60-70 cm (hembra).
Aptitudes: afectuoso con sus dueños, atento, reservado con los extraños, rápido.

PEQUEÑO LEBREL ITALIANO
Altura: entre 32 y 38 cm (macho y hembra).
Aptitudes: alegre, cariñoso y dócil.

BORZOI O LEBREL RUSO
Altura: 75-85 cm (macho) y 68-78 cm (hembra).
Aptitudes: calmado, dócil, reservado, silencioso y extraordinariamente fiel.

SLOUGHI
Altura: 66-72 cm (macho) y 61-68 cm (hembra).
Aptitudes: muy apegado a su dueño, al que defiende si es necesario. Orgulloso, con instinto cazador, pero también muy hogareño.

SALUKI, VARIEDAD CON FLECOS
Altura: entre 58 y 71 cm.
Aptitudes: inteligente, independiente, reservado con los extraños, no agresivo.

GREYHOUND
Altura: 71-76 cm (macho) y 68-71 cm (hembra).
Aptitudes: inteligente, afectuoso, gentil, vigoroso y muy resistente.

LEBREL ESCOCÉS
Altura: mínimo 76 cm (macho) y 71 cm (hembra).
Aptitudes: buen carácter, noble, amistoso, obediente, adiestrable, tranquilo, no agresivo.

LEBREL O GALGO AFGANO

En su origen, en las montañas de Afganistán, este lebrel era un excelente perro pastor y un decidido cazador de lobos, chacales y leopardos. Desde que en 1907 ganó la exposición canina en Londres, la raza se dio a conocer en todo el mundo y en la actualidad es una de las más glamurosas de las que se presentan en los certámenes.

DATOS BÁSICOS

ORIGEN: Afganistán
ALTURA: 68-74 cm los machos y 63-69 cm las hembras
PESO: sin estándar
LONGEVIDAD: 12-14 años

El afgano es una perfecta combinación de fortaleza, nobleza, majestuosidad y elegancia, sin olvidar sus excelentes dotes como experimentado velocista, ya que puede llegar a alcanzar los 60 km/h en carrera libre. Tiene una expresión distante y oriental muy característica. En resumen, es un perro impresionante. Además, posee una personalidad muy fuerte, es independiente y no hay que esperar que obedezca de forma sumisa. Por eso, no es un perro adecuado para dueños principiantes ni para los que busquen un animal fácil de tratar. Dentro de casa suele permanecer tranquilo y, aunque está siempre alerta, vigilando su territorio y a su familia humana, no ladra demasiado ni es ruidoso. Pero en cuanto sale al exterior, cambia de actitud y se lanza, veloz como un rayo, detrás de cualquier posible presa; por eso hay que llevarlo siempre con correa. Con los desconocidos se muestra muy reservado y con otros perros tampoco suele confraternizar, pues suele ser dominante, sobre todo el macho. En cuanto a los gatos y otros animales domésticos…, mejor no acercarlo, pues los considera una pieza digna de caza.

Se lleva bien con los niños, pero como odia el estrés y los ruidos y le gustan los ambientes tranquilos, no resulta adecuado para familias con hijos de corta edad. También es imprescindible que su dueño sea muy deportista, pues su ejercicio favorito es correr (y además posee una increíble resistencia física). El afgano estará encantado de ser un compañero de *footing* o de los paseos en bicicleta. En cambio, los deportes caninos, como el agility, no están entre sus preferencias.

Una hora, dos veces a la semana

Ese es el tiempo que hay que dedicar al aseo del manto de un afgano. Es un importante dato a tener en cuenta antes de adquirir uno de estos hermosos animales. La mejor forma de cuidar su pelo largo, fino y sedoso es peinarlo por capas para no olvidarse ninguna zona y correr el riesgo de dejar enredos. Hay que hacerlo con cuidado para no romper el pelo y aprovechar la tarea para quitar cualquier ramita que se le haya quedado enredada. Una vez al mes hay

La tenencia de un afgano es muy exigente, pues es un perro de carácter fuerte que necesita adiestramiento, un elevadísimo nivel de actividad física y mucho tiempo para el aseo.

que darle un baño empleando un champú de calidad para perros, y si se cree necesario, aplicarle un acondicionador para peinarlo con más facilidad. También se han de examinar diariamente las orejas para prevenir la aparición de parásitos e infecciones y tomar la precaución de cubrírselas con protectores especiales cuando vaya a comer; de ese modo ni se ensuciarán ni estorbarán.

DATOS ESPECÍFICOS

CARÁCTER Y SOCIABILIDAD: muy inteligente, sensible, valiente, digno (no apático), desconfiado con los extraños.

APTITUDES: de compañía, cazador y pastor.

ALIMENTO Y EJERCICIO: dieta de calidad para su elevado desgaste energético. Muy activo, necesita más de 2 horas diarias de ejercicio intenso.

CUIDADOS DEL MANTO: 1 hora de cepillado minucioso 2 días a la semana, baño cada 1-2 meses. Nada de cortes de pelo.

SALUD: en general, muy saludable, aunque muestra una ligera tendencia a la displasia de cadera y a las cataratas.

REQUERIMIENTOS ESPECIALES: revisar las orejas todos los días. El adiestramiento es imprescindible y no es fácil; requiere paciencia, constancia, severidad y al mismo tiempo maneras suaves, porque es un perro muy sensible y reacciona mal a los gritos, los castigos o los gestos bruscos.

CABEZA: larga, pero no demasiado estrecha; mandíbulas poderosas y trufa de preferencia negra, aunque puede ser de color hígado en los perros de pelaje claro.

OJOS: en apariencia casi triangulares, elevándose ligeramente oblicuos desde el interior al exterior, de preferencia oscuros.

COLA: de inserción baja, forma un anillo en su extremo y la lleva en alto mientras se mueve.

OREJAS: de inserción baja, llevadas muy cerca de la cabeza y cubiertas de pelo largo y sedoso.

CUERPO: espalda musculosa y moderadamente larga, con la grupa descendiendo levemente hacia la cola, cuello fuerte y extremidades largas y poderosas.

DATOS

ORIGEN: Irlanda
ALTURA: mínimo 79 cm los machos y 71 cm las hembras
PESO: mínimo 54 kg los machos y 40 kg las hembras
LONGEVIDAD: 6-10 años

CARÁCTER Y SOCIABILIDAD: bueno, generoso, paciente, inteligente, tiende a encariñarse con una sola persona.

APTITUDES: de compañía, caza y carreras.

ALIMENTO Y EJERCICIO: dieta con un porcentaje elevado de carne, verduras y muy pocos cereales. Necesita unas 2 horas diarias de ejercicio activo.

CUIDADOS DEL MANTO: cepillado 2 veces a la semana.

SALUD: displasia de cadera y codo, enfermedades cardíacas, cáncer de huesos y torsión de estómago.

REQUERIMIENTOS ESPECIALES: imprescindible el adiestramiento.

LEBREL O LOBERO IRLANDÉS

Esta raza es una de las más grandes y también de las más antiguas. En sus muchos siglos de existencia ha pasado desde ser cazadora de lobos, jabalíes y osos a llegar al borde de la desaparición a finales del siglo XVIII. Ahora, la raza ha logrado recuperarse.

El lobero es un gigante imponente, muy musculoso, fuerte y de movimientos ágiles y atléticos. Todo lo que tiene de grande lo tiene también de bondadoso, familiar y apegado a sus dueños. Es de carácter abierto y amable, y se lleva excepcionalmente bien con los niños, pero hay que tener cuidado porque, dado su tamaño e impetuosidad durante el juego, puede causar algún accidente. Como mejor se siente es rodeado de toda la familia y siempre está atento por si surge cualquier peligro, en cuyo caso no duda en defenderla valientemente. Pero hay dos aspectos que no deben descuidarse. El primero es su elevado nivel de energía, al que tiene que dar rienda suelta con largos paseos y, sobre todo, corriendo. El segundo aspecto es la necesidad de adiestramiento para que aprenda a atender a la llamada y a no tirar de la correa.

COLA: larga y ligeramente curvada, de grosor moderado y cubierta de pelo.

OJOS: de forma almendrada y color oscuro.

OREJAS: pequeñas y en forma de rosa.

CABEZA: larga y no demasiado ancha, con una leve depresión entre los ojos y hocico largo y moderadamente puntiagudo.

WHIPPET

Esta raza se desarrolló a finales del siglo XIX a partir de cruces entre el galgo inglés o greyhound, el pequeño lebrel italiano y el terrier. El resultado fue un extraordinario corredor que puede alcanzar una velocidad continuada de 56 km/h.

DATOS

ORIGEN: Gran Bretaña

ALTURA: 47-51 cm los machos y 44-47 cm las hembras

PESO: entre 12,5 y 13,5 kg

LONGEVIDAD: 12-15 años

CARÁCTER Y SOCIABILIDAD: afectuoso, alegre, gentil, equilibrado, inteligente y dócil, excelente con los niños.

APTITUDES: de compañía y carreras.

ALIMENTO Y EJERCICIO: dieta fácil de digerir que cubra su gasto energético. Debe descansar después de comer y beber suficiente agua. Necesita entre 1 y 2 horas diarias de ejercicio físico.

CUIDADOS DEL MANTO: pasar suavemente un cepillo blando, ya que su pelaje es fino y sensible.

SALUD: muy robusto y poco propenso a las enfermedades.

REQUERIMIENTOS ESPECIALES: cortarle las uñas a menudo y cepillarle los dientes de forma regular.

Aquí tenemos no solo un excelente corredor, sino también un perfecto animal de compañía para dueños deportistas. Y es que esta raza disfruta con el mismo entusiasmo de una estimulante carrera que de una sesión de mimos y tranquilidad. Su carácter es inmejorable: simpático, cordial, cariñoso, equilibrado y sereno. Se lleva muy bien con los niños y es tolerante con otros perros. Con los extraños se muestra muy precavido y avisará con sonoros ladridos de su llegada, por lo que se puede emplear como perro de guarda. Su cuidado es muy sencillo. Solo se muestra exigente en lo que se refiere a la actividad física: necesita pasar mucho tiempo al aire libre, corriendo, paseando o practicando algún deporte canino. Eso sí, si se le permite estar sin correa, más vale que se haya adiestrado en obediencia para que acuda a la llamada, porque ¿quién podrá alcanzar a un velocista nato?

OREJAS: pequeñas, de textura fina y en forma de rosa.

OJOS: de forma ovalada y brillantes, con una mirada muy expresiva y vivaz.

COLA: larga y afilada, la lleva hacia arriba y ligeramente curvada cuando se mueve y entre las patas al permanecer quieto.

CABEZA: larga y delgada, aplanada en la parte superior, amplia en los ojos y afinándose hacia el hocico, con la mandíbula fuerte y bien delineada y la trufa negra (también puede ser azulada o de color hígado, según el pelaje).

GALGO ESPAÑOL

No hay mayor expresión de libertad que ver a uno de estos ejemplares corriendo a toda velocidad. Su perfecta aerodinámica y su ligereza hacen de este perro uno de los animales más rápidos del planeta: puede alcanzar velocidades punta por encima de los 70 km/h. ¡Estamos ante el Fórmula 1 de los perros!

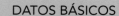

DATOS BÁSICOS

ORIGEN: España
ALTURA: 62-70 cm los machos y 60-68 cm las hembras
PESO: entre 20 y 30 kg
LONGEVIDAD: 12-15 años

Cuando pensamos en un galgo se nos viene a la mente un perro delgado, inteligente, vivaz, atento, ágil, con un semblante noble… Estas características no deben pasarse por alto a la hora de elegir esta raza como mascota familiar. Si bien se originó como un perro de caza, en los últimos años muchas familias han elegido al galgo español como animal de compañía debido a su buen carácter y al estupendo trabajo que llevan a cabo las protectoras para dar un segundo hogar a los miles de perros de trabajo abandonados en España.

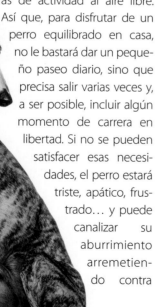

Los ejemplares mayores necesitan una dosis no demasiado intensa de ejercicio, pero los jóvenes precisan horas de actividad al aire libre. Así que, para disfrutar de un perro equilibrado en casa, no le bastará dar un pequeño paseo diario, sino que precisa salir varias veces y, a ser posible, incluir algún momento de carrera en libertad. Si no se pueden satisfacer esas necesidades, el perro estará triste, apático, frustrado… y puede canalizar su aburrimiento arremetiendo contra cojines, cortinas y diversos elementos de la casa. Por el contrario, si se le ofrece su dosis adecuada de ejercicio, en casa será un perro tranquilo y cariñoso que disfrutará de la compañía de su dueño mientras permanece tumbado a sus pies.

Otro aspecto importante para el correcto cuidado del galgo es su confort térmico. Al no disponer de un manto de pelo que lo proteja ni de una cantidad significativa de grasa corporal, es muy habitual verlo temblar si no le pone ropa de abrigo para salir a la calle cuando bajan las temperaturas. También es importante proveerle de una cama mullida y cálida.

El collar ideal

Debido a su fisonomía, hay que prestar atención a la elección del collar. El cuello del galgo es estrecho y su cabeza, delgada y afilada, una mala combinación para utilizar un collar tradicional, ya que el animal puede zafarse de él y escaparse; además, ante un tirón fuerte podría lastimarse seriamente. Para evitar estos problemas, se recomiendan los collares anchos (de tipo martingale) que permiten sujetar al perro con seguridad. La manera correcta de colocarlo será ajustándolo al cuello de modo que no vaya ni muy suelto ni muy apretado, más o menos con una separación de tres o cuatro dedos entre las hebillas.

La salud psicológica

Es tan importante la salud física como la psicológica de un animal. Dado que muchos galgos llegan al entorno familiar provenientes de un abandono, será necesario tener mucha paciencia y hacer un trabajo de socialización relajado y continuo para que cualquier miedo que pu-

Ejemplar en estado de alerta portando un collar de tipo martingale. Pese a tener una complexión delgada, los galgos tienen una musculatura muy desarrollada y marcada.

diera tener se reconduzca y aprenda no solo a tolerar, sino a disfrutar del entorno que lo rodea. Es recomendable comenzar creando primero un fuerte vínculo con los miembros de la familia, seguir con la introducción de gente conocida y, por último, la interacción con los extraños.

CUERPO: largo, recogido, robusto y que transmite agilidad. Pecho muy prominente que salvaguarda al vientre.

CABEZA: larga y delgada, proporcionada con el resto del cuerpo y con el hocico ligeramente más largo que el cráneo.

OREJAS: de inserción alta, triangulares y forma de rosa en reposo.

COLA: de inserción baja, muy larga y flexible.

OJOS: de forma oblicua, preferentemente con tonalidades marrón oscuro.

DATOS ESPECÍFICOS

CARÁCTER Y SOCIABILIDAD: introvertido, dócil y algo asustadizo, muy vivaz y seguro cuando trabaja.

APTITUDES: perro de compañía y caza menor.

ALIMENTO Y EJERCICIO: la dieta irá acorde con la cantidad de ejercicio. Para perros con mucha actividad y desgaste físico, es importante equilibrar la cantidad de grasas y proteínas y reforzar el aporte calórico si se expone a bajas temperaturas. El animal joven necesita grandes dosis de ejercicio, mejor si es en terrenos abiertos.

CUIDADOS DEL MANTO: carece de subpelo, por lo que un cepillado a la semana será suficiente.

SALUD: por lo general, es un perro sano y fuerte, sin complicaciones particulares.

REQUERIMIENTOS ESPECIALES: como tiene un manto de pelo corto y fino, es recomendable aplicar alguna crema cicatrizante y regenerante para curar los pequeños arañazos que se haga en la piel.

ÍNDICE DE RAZAS